BALI
LOMBOK
GILIS
INSIDER-TIPP
Deine Abkürzung ins Erleben!
Reisen mit MARCO POLO
Insider-Tipps

MARCO POLO TOP-HIGHLIGHTS

PURA LUHUR ULUWATU ★1

Hoch über den Klippen thront einer der ältesten Tempel Balis. In die tosende Brandung zu seinen Füßen stürzen sich mutige Surfer

📷 *Tipp: Bester Zeitpunkt zum Fotografieren ist während des täglichen Kecak-Tanzes zum Sonnenuntergang*

➤ S. 59, Südbali

OSTSTRAND VON GILI TRAWANGAN ★2

Nach einem relaxten Tag am Meer geht's abends zum Feiern an den Oststrand – mehr Party geht nicht

➤ S. 117, Gilis

DANAU BUYAN & DANAU TAMBLINGAN ★3

An den beiden idyllischen Seen kann man herrlich durch Reisfelder und zu Wasserfällen spazieren

➤ S. 77, Zentral- & Nordbali

NUSA LEMBONGAN ★4

Auf der beschaulichen Insel erkundest du mit dem Roller versteckte Buchten, mit dem Surfbrett tolle Breaks und mit dem Boot die phantastischen Tauchspots

📷 *Tipp: Bei Flut brechen sich meterhohe Wellen an den Steilklippen – ein atemberaubendes Motiv*

➤ S. 90, Ostbali

GILI-MENO-WAND ★5

Ein Tauchspot mit bizarren Korallen, versunkenen Skulpturen, farbenprächtigen Fischen und seltenen Meeresschildkröten

➤ S. 118, Gilis

SEMINYAK ★6

Sehen und gesehen werden: Nirgends sonst auf Bali sind die Restaurants so edel, die Bars so cool, die Boutiquen so schick

➤ S. 46, Südbali

GUNUNG RINJANI 7

Wo sonst findet man auf einem aktiven Feuerberg einen heiligen See (Foto), gespickt mit einem weiteren kleinen Vulkan?

Tipp: Das morgendliche Wolkenmeer unter der aufgehenden Sonne mit Blick bis zum Gunung Agung auf Bali

➤ S. 110, Lombok

UBUD 8

Im Herzen von Bali gibt's Kunst und Kultur und alle Wohltaten für Körper, Geist und Seele

➤ S. 66, Zentral- & Nordbali

GUNUNG BATUR 9

Mitten im lebendigen Bali: eine vulkanische Einöde mit Endzeitatmosphäre

Tipp: Ein Bild vom Gipfel über der Caldera, wenn die Sonne untergeht

➤ S. 74, Zentral- & Nordbali

SÜDKÜSTE LOMBOKS 10

Versteckte Buchten mit Traumstränden und perfekten Wellen für Surfer und solche, die es werden wollen

Tipp: Toller Panorama-Shot: der lange Strand und das blaue Meer von Tanjung Aan vom Bukit Merese aus

➤ S. 98, Lombok

INHALT

⏲	Besuch planen	🍴	Essen/Trinken
€–€€€	Preiskategorien	🛍	Shoppen
(*)	Kostenpflichtige Telefonnummer	🍸	Ausgehen
		⛱	Top-Strände

(🗺 A2) Herausnehmbare Faltkarte
(0) Außerhalb des Faltkartenausschnitts

BESSER PLANEN MEHR ERLEBEN!

Digitale Extras
go.marcopolo.de/app/bal

DAS BESTE ZUERST

Die Reisterrassen werden oftmals ohne den Einsatz von Maschinen bestellt

BEST OF BEI REGEN

SCHÖN, AUCH WENN ES REGNET

SÜDSEEKUNST IN NUSA DUA

Im *Museum Pasifika* in Nusa Dua kommt Südsee-Feeling auf, denn hier dreht sich alles um Kunst aus dem asiatisch-pazifischen Raum. Ausgestellt sind Werke aus rund 25 verschiedenen Ländern, darunter auch solche von europäischen Malern, die in der Region gelebt haben.

➤ S. 60, Südbali

ART-HOUSE

Das *Blanco Museum* (Foto) in Ubud entführt dich in die sinnlich-schräge Welt (und gleichzeitig ins ehemalige Wohnhaus) des exzentrischen Künstlers Antonio Blanco, des „Dalí des Fernen Ostens".

➤ S. 68, Zentral- & Nordbali

GROSSES KINO

Anstatt bei Regenwetter im Hotelzimmer die Streamingdienste durchzuklicken, lässt du dich einfach in die Sessel des *Beachwalk XXI Premiere* in Kuta sinken und schaust die neuesten Holly- und Bollywood-Filme oder indonesische Streifen auf der Großleinwand.

➤ S. 45, Südbali

ERINNERUNGEN VERSILBERN

Du findest einfach nicht das passende Mitbringsel? Dann nutz das Regenwetter und sei dein eigener Schmied: Bei einem Silberschmiedekurs von *Yin Jewelry for the Soul* auf Gili Trawangan gestaltest du unter Anleitung und mithilfe versierter Schmuckmacher dein individuelles Accessoire.

➤ S. 117, Gilis

CRASHKURS

Du magst die balinesische Küche? Dann lass dir in einem Kochkurs deren Raffinessen beibringen, z. B. im *Bumbu Bali* auf der Bukit-Halbinsel. Ein Rezeptheft und jede Menge Kostproben sind garantiert.

➤ S. 61, Südbali

BEST OF
LOW-BUDGET

FÜR DEN KLEINEN GELDBEUTEL

KEIN TEMPELBESUCH OHNE SARONG

Trag dein eigenes Wickeltuch *(sarong)*, das du auf dem Markt oder im Souvenirshop erstehen kannst, wenn du einen Tempel besuchst. So sparst du die Leihgebühr für Schärpe und Wickelrock vor Ort und hast gleich ein Souvenir.

FREIE KUNST IN GALERIEN

Keine Lust auf Museum? Ohne Eintritt zu bezahlen, kannst du bei einem Streifzug durch *Ubuds Galerien* balinesische Malerei und Bildhauerkunst bewundern – dazu gibt es oft noch einen Kaffee.

➤ S. 70, Zentral- & Nordbali

AUFFÜHRUNGEN BEIM TEMPELFEST

Gamelan (Foto), Tanz und Schattenspiel gehören zu jedem Tempelgeburtstag. Anstatt Tickets für eine Touristenvorführung zu kaufen, erkundigst du dich einfach, wo das nächste *Odalan-Fest* stattfindet – Touristen sind willkommen, wenn sie sich gebührend verhalten.

➤ S. 22, Bali & Lombok verstehen

SCHILDKRÖTEN AM STRAND

Das aus Spenden finanzierte *Turtle Conservation and Education Center* auf Serangan ist frei zugänglich und informiert über das Rettungsprogramm für die vom Aussterben bedrohten Meeresbewohner. Spenden sind natürlich willkommen.

➤ S. 58, Südbali

PREISWERT RUMKOMMEN

Günstiger als die Taxikooperativen und Transportvermittler mit ihren Festpreisen sind die Privattaxis, die du über die *Grab*-App bestellst. Aber Achtung: In einigen Orten (z. B. Ubud) werden Grab-Taxis nicht geduldet und können dich daher nicht abholen.

➤ S. 136, Gut zu wissen

BEST OF

MIT KINDERN

SPANNENDES FÜR GROSS & KLEIN

KARTOFFELKOPF
Im familienfreundlichen Beachclub- und Hotelkomplex des *Potato Head* findet sonntags ab 9 Uhr eine Runde Kindersport statt, ab 13 Uhr können Kinder zwischen 4 und 12 Jahren Drachen aus Bambus basteln oder Malfarben aus natürlichen Pigmenten mischen.
➤ S. 48, Südbali

AUF SAFARI
Der *Lombok Wildlife Park* ist eine tolle Möglichkeit, stattliche Vertreter der tropischen Tierwelt zu erleben. Neben Dickhäutern werden hier Orang-Utans, Krokodile und Papageien artgerecht gehalten.
➤ S. 108, Lombok

BLUBBERBLÄSCHEN
Bubblemaker-Kurse führen Kinder ab acht Jahren im Pool, ab zehn Jahren im offenen Meer behutsam ans Schnorcheln und Tauchen heran (Foto). Angeboten werden sie bei fast allen professionellen Tauchzentren, z. B. bei *Crystal Divers* in Sanur.
➤ S. 56, Südbali

BASTELN, TANZEN, MUSIZIEREN
Deine Kinder sind von balinesischen Musikinstrumenten, Tänzen und Tempelfesten vermutlich genauso fasziniert wie du und würden am liebsten selbst mitmachen. Wie gut, dass es Schnupperkurse gibt, in denen Kids Gamelan und einfache Tanzschritte lernen, außerdem batiken, schnitzen oder Opfergaben anfertigen können. Das *ARMA* in Ubud z. B. führt solche Kurse durch.
➤ S. 68, Zentral- & Nordbali

KLEINE WELLENREITER
Einige Surfschulen, z. B. *Bali Green Surf*, bieten speziell Kurse für Familien und Kinder, bei denen Kids (und Eltern) erste Stehversuche auf dem Brett unternehmen können.
➤ S. 48, Südbali

BEST OF

TYPISCH

DAS ERLEBST DU NUR HIER

IN TRANCE GETANZT

Laut, fotogen und garantiert exotisch: bis zu hundert Männer, die sich synchron bewegen, dabei rhythmisch rufen und in Trance über glühende Kohlen laufen. Besonders eindrucksvoll sind die *Kecak*-Vorstellungen (Foto) bei Sonnenuntergang am *Pura Uluwatu*.

➤ S. 59, Südbali

SCHLACHT DER REISPÄCKCHEN

Beim *Perang Topat* zu Beginn der Regenzeit bewerfen sich Hindus und muslimische Sasak im Pura Lingsar mit in Palmblätter gewickeltem Reis. Diese Reispäckchenschlacht ist ein großes Fest für alle, egal welcher Religion sie angehören.

➤ S. 104, Lombok

SCHLEMMEN AM STRAND

Frühmorgens kannst du den *Fischern in Jimbaran* zusehen, wie sie mit ihren bunten Auslegerbooten ihren Fang an Land bringen, den du abends in einem der vielen *warungs* gleich daneben verspeist – am besten auf glühenden Kokosschalen gegrillt.

➤ S. 59, Südbali

FARBENFROHE PROZESSIONEN

Knallbunt gekleidete Frauen balancieren Früchtepyramiden auf den Köpfen, die Männer schlagen schwere Gongs: Auf Bali „lauern" Prozessionen quasi hinter jeder Ecke. Am beeindruckendsten sind die Paraden zum *Galungan-Fest*, z. B. auf Nusa Penida.

➤ S. 92, Ostbali

UNTERWASSER-SELFIE MIT MOTORRAD

Außer faszinierenden Korallenriffen kannst du am Meeresgrund auch originelle Kunstwerke und Installationen entdecken. Einige regen zum Nachdenken an, andere, z. B. das *Motorrad* vor Gili Trawangan, verführen eher zu einem Selfie.

➤ S. 117, Gilis

SO TICKEN BALI & LOMBOK

Ausdrucksstark: Augenrollen gehört beim *Legong*-Tanz zur Choreografie

ENTDECKE BALI & LOMBOK

Ein bedeutendes Heiligtum Balis ist der der Seegöttin geweihte Tempel im Bratan-See

Palmengesäumte Sandstrände? Check. Traumhafte Unterwasserwelten? Gibt's. Reisterrassen und mächtige Vulkane? Unbedingt. Exotische Kultur und erschwingliche Preise? Aber hallo! Die Zutaten für einen tollen Urlaub sind auf Bali und Lombok reichlich vorhanden. Surfer, Taucher und Bergsteiger finden hier ihr Paradies, alle anderen dürfen sich auf eine fabelhafte Küche, relaxte Verwöhntage im Spa und sonnige Stunden mit Sand zwischen den Zehen freuen.

INSEL DER GÖTTER

Allen modernen Verlockungen zum Trotz: Was Bali in der Welt so einzigartig macht, ist seine unverwechselbare, überall spürbare Kultur. Dank ihr hat sich die Insel im Indischen Ozean trotz Massentourismus bis heute ihren ganz eigenen

- **1478** Unter dem Islam bricht das hinduistische Majapahit-Reich auf Java zusammen, der Thronfolger flüchtet nach Bali und gründet eine neue Hindudynastie
- **17. Jh.** Balinesen erobern Lombok
- **1906/08** *Puputan* (ritueller Massenselbstmord) balinesischer Fürstenhöfe, um nicht kolonisiert zu werden
- **1942–45** Japan besetzt Niederländisch-Ostindien
- **17. Aug. 1945** Unabhängigkeitserklärung Indonesiens

Charme bewahrt. Schon am Flughafen wirst du vom sanften Klang der Gamelanmusik und dem Duft von Nelkenzigaretten begrüßt. Auf der Fahrt ins Hotel siehst du am Straßenrand kunstvoll geflochtene Bastkörbchen mit Blumen und Reis, die die Häuser vor Dämonen schützen. Wenn morgens die Frauen ihre ersten Opfergaben darbringen, liegst du vermutlich noch in den Federn. Jede Familie – auch jedes Hotel – ehrt die Hausgötter und Dämonen mehrmals täglich mit Früchten, Reis, Blumen und Räucherstäbchen. Sie sollen die Balinesen – und ihre Gäste – vor Unheil schützen. Festliche Prozessionen sind noch beeindruckender: Elegant gekleidete Balinesinnen balancieren zu dröhnenden Gongklängen kunstvoll aufgetürmte Gestecke aus Früchten und Blumen auf ihren Köpfen. Für die Zeremonie im Dorftempel bindet sich der Surflehrer aus Kuta ebenso den traditionellen Kopfschmuck um wie der Bankangestellte aus Denpasar.

INSEL DER TOURISTEN

Diese Rituale sind Teil des balinesischen Alltags und keineswegs nur inszeniert, doch natürlich gedeiht die hinduistische Kultur auch dank des Tourismus, von dem mehr als 80 Prozent der Balinesen leben. Tänze, Musik und Kunsthandwerk dienen nicht nur religiösen Zwecken, sondern auch der Unterhaltung und dem Gelderwerb. Seit den 1960er-Jahren fördert die Regierung diese Symbiose aus Traditionspflege und Tourismus systematisch. Heute ist Bali nicht nur die letzte hinduistische Provinz Indonesiens, des Lands mit der größten islamischen Be-

1945–48 Unabhängigkeitskrieg gegen die Niederländer

1955 Erste freie Wahlen, Sukarno wird Präsident

1965/66 Machtübernahme durch General Suharto, Beginn der diktatorischen „Neuen Ordnung"

1998 Asienkrise; nach schweren Unruhen tritt Suharto zurück

2002 und 2005 Bombenanschläge auf Bali

2024 Bali führt eine Einreisegebühr von 150 000 Rp./Pers. (9 Euro) ein, Einnahmen fließen in der Schutz der Kultur und Umwelt völkerungsgruppe der Welt, sondern auch ausgesprochen weltoffen. Fast jeder Balinese spricht etwas Englisch, du kommst schnell in Kontakt mit Einheimischen und bist bei den meisten Zeremonien als Zuschauer willkommen. Balis Beliebtheit bedeutet aber auch, dass du um die Begegnung mit anderen Touristen nicht herumkommst – kein Wunder bei mehreren Millionen ausländischen Besuchern jährlich. Aber keine Sorge, es gibt sie noch, die idyllischen Rückzugsräume, tourifreien Dörfer und authentischen Begegnungen. Bei aller Kommerzialisierung ist es doch bewundernswert, wie harmonisch viele Balinesen ihre traditionelle Lebensweise damit in Einklang bringen.

THE GREAT OUTDOORS

Nur an wenigen Flecken der Erde trifft eine solch anmutige Lebensart auf so viel Naturschönheit. Im Süden von Bali rollt die für Surfer perfekte Brandung an malerische Steilklippen und weiße Sandstrände. Ein mächtiges Gebirge mit tiefen Schluchten und tosenden Wasserfällen erhebt sich in der Mitte der Insel, gekrönt vom 3148 m hohen Gunung Agung. Dieser Vulkan ist nicht nur heilig, sondern auch ziemlich aktiv. Aber keine Angst, bei Ausbrüchen ist nur ein kleiner Teil der Insel direkt betroffen, für die meisten Urlauber beschränkt sich das Risiko auf Einschränkungen im Flugverkehr. Auch mit kleinen Erdbeben musst du rechnen, meist ein kurzes Rütteln oder Schwanken – willkommen am Pazifischen Feuerring! Im trockenen Norden ziehen sich schwarze Lavasandstrände entlang der ruhigen Küste mit phantastischen Unterwasserwelten. Das zentrale Bergmassiv ist von großen Seen durchsetzt: Buyan, Tamblingan, Bratan und Batur. Diese speisen das Grün der Reisterrassen an den Berghängen. Das ausgeklügelte Bewässerungssystem der Bauern und die damit verbundene Sozialstruktur und Kulturlandschaft sind sogar immaterielles Unesco-Weltkulturerbe.

AUF ZU NEUEN UFERN

Wenn du Touri-Orte eher meidest, kannst du jede Menge abseitige Ziele entdecken, auch auf den beiden vorgelagerten Inseln Nusa Lembongan und Nusa Penida. Zwar hat der Massentourismus auch hier Fuß gefasst, aber die bescheidene Infrastruktur und die raue Küstenlandschaft verleihen einer Rundfahrt über die Insel mitunter etwas Abenteuerliches. Auf Balis östlicher Nachbarinsel kannst du dem ganzen Rummel noch leichter entfliehen, denn auch an die Gestade des muslimisch geprägten Lombok schwappen die Trends und Besuchermassen aus Bali nur punktuell. Die Insel ist nur in Senggigi und Kuta Lombok vom Massentourismus geprägt. Da der Rest der Insel von diesem weitgehend ignoriert wird, kannst du die Reisfeldidylle von Tetebatu in Ruhe genießen und findest im Süden mit etwas Glück noch menschenleere Strände. Die drei nordwestlich vorgelagerten Gilis sind dagegen Besuchermagnete par excellence: Ob Familienurlaub auf Gili Air, eine Robinsonade auf Gili Meno oder der Partytrip auf Gili Trawangan – auf den einst unbewohnten Inseln kannst du alles erleben.

AUF EINEN BLICK

8 MILLIONEN
Einwohner haben Bali, Lombok und die Gilis

Indonesien: 272 Mio.

40 km
breit ist der **Meeresgraben** zwischen Lombok und Bali

10 500 km²
Fläche

Indonesien: 1 904 569 km²

Der **GUNUNG RINJANI** auf Lombok ist mit

3726 m
Indonesiens zweithöchster Vulkan

GEBURTENRATE

2,2
KINDER PRO FRAU

Deutschland: 1,5

MINDESTLOHN

2 713 672
RUPIAH (165 EURO) PRO MONAT

Lombok: 2 373 194 Rupiah (145 Euro)

210 TAGE
zählt das balinesische Pawukon-Jahr mit Wochenzyklen von 1 bis 10 Tagen

2,2 MIO.
ausländische Touristen besuchen Bali pro Jahr

BELIEBTESTE PERSON
Sukarno, der erste indonesische Präsident

CHILI
bedeutet LOMBOK wörtlich übersetzt

BALI & LOMBOK VERSTEHEN

SINN FÜR SCHÖNES

Viele Balinesen haben einen ausgeprägten Sinn für Ästhetik und sind neben ihrem profanen Broterwerb in irgendeiner Form künstlerisch tätig. Der Taxifahrer spielt nach Feierabend die Gongs im Gamelan-Orchester, die Kellnerin unterweist abends junge Mädchen in den feinsinnigen klassischen Tänzen, der Surfguide füllt das Warten auf den Swell mit filigranen Holzschnitzarbeiten, und die Putzfrauen deines Hotels flechten die Opfergaben und Dekorationen für das nächste Tempelfest. Bis zu einem Drittel ihrer Zeit verwenden Balinesen auf solche traditionellen „Pflichten", die auch weltanschauliche Gründe haben mögen. Denn wo jedes Ding beseelt ist, gebietet auch der Umgang mit den Dingen Respekt, das heißt nach Möglichkeit ihre Verschönerung und Verfeinerung. Und mal ehrlich: Frangipaniblüten am Ohr sehen einfach raffiniert aus.

DIE KRAFT EINES GRASHALMS

Wie aus einem Märchen erscheinen die spektakulär geschwungenen Bambuspaläste, die das Architektenteam von *Ibuku (ibuku.com)* an verschiedenen Orten auf Bali geschaffen hat, z. B. die internationale Green School oder die Dschungelvillen des *Green Village*. In bester Tradition übrigens, denn balinesische Handwerker errichten seit Jahrhunderten aus Bambus, einer Graspflanze mit schier unglaublicher Formbarkeit, Kunstwerke für zeremonielle Zwecke. Inzwischen ahmen Villenbesitzer und Gastronomen überall auf Bali die luftigen Bauwerke nach, wenn diese in der Regel auch mehrere Nummern kleiner ausfallen als das fünfstöckige Luxusdomizil *Sharma Springs* bei Abiansemal. Die *Green School* macht Führungen über ihren faszinierenden Ökocampus *(greenschool.org/bali/green-school-experience)*.

INSIDER-TIPP
Ganz grüne Klasse

BALINESISCHE BEHARRLICHKEIT

Aufgrund ihrer kulturellen und wirtschaftlichen Sonderstellung als Tourismusziel wähnten sich die Balinesen lange Zeit immun gegen das, was im restlichen Indonesien vor sich ging. Sie bilden gewissermaßen auch aus sozialer Sicht eine Insel, auf der alles etwas liberaler und toleranter zugeht als im restlichen Asien. Zu tolerant nach Meinung der islamistischen Selbstmordattentäter, die 2002 und 2005 ihre Bomben vor Nachtclubs und Touristenlokalen zündeten. Doch statt den Fanatikern das Feld zu überlassen, gingen die Balinesen erst recht in die (touristische) Offensive: Die Sicherheitsmaßnahmen wurden vervielfacht, Investoren angelockt und neue Angebote geschaffen. Ökotourismus für umweltbewusste Individualreisende sowie Luxusurlaub in abgeschiedenen Villenanlagen sind seitdem nicht mehr aus Bali wegzudenken. Es ist, als hätten die sanftmütigen und stolzen Balinesen den Islamisten einfach eine (aus Geldscheinen gefaltete) Frangipaniblüte in den geladenen Lauf gesteckt.

VILLAGE PEOPLE

Auch wenn von Jimbaran bis Ubud alles wie eine große Agglomeration aussieht: Die Balinesen sind nach wie vor in dörflichen Gemeinschaften organisiert, in denen jeder bestimmte Pflichten zu erfüllen hat, aber – wenn nötig – auch Hilfe erhält. Das Zusammenleben bis hin zu sozialrechtlichen Fragen ist durch das traditionelle Gewohnheitsrecht *(adat)* geregelt. Über wichtige Belange entscheidet der *banjar,* dem alle verheirateten Männer angehören. Jeder *banjar* hat seine Versammlungshalle und seinen Dorftempel, oft auch einen Musikpavillon und eine Hahnenkampfarena. Den Mittelpunkt des Alltagslebens bildet der Markt, traditionell eine Domäne der Frauen. Die gewählten Anführer dieser traditionellen Dorfgemeinschaften haben auch auf Provinzebene großen Einfluss.

INSEL(N) DER GÖTTER

Bevor die Javaner den Hinduismus auf ihre Insel brachten, praktizierten die Balinesen animistische Geisterkulte und glaubten an eine beseelte Natur. Elemente davon finden sich noch heute im balinesischen Hindu-Dharma-Glauben. Demnach wohnen die Götter auf den Bergen, während im Meer die Dämonen hausen. Die

Schön schlicht sind die Tongefäße aus den Töpfereien in Banyumulek auf Lombok

Auf Bali wird das letzte Geleit als buntes, lautes Spektakel gefeiert

oberste Gottheit ist Sanghyang Widhi, in der die Hauptgötter Brahma, Wishnu und Shiva gemeinsam verkörpert sind. Flüsse, Wälder und andere Orte werden von kleineren Gottheiten und Dämonen bevölkert. Während auf Bali nur zehn Prozent Muslime leben, sind auf Lombok und den Gilis 95 Prozent der Bevölkerung muslimisch. Wie in vielen Teilen des Lands mischt sich der Islam aber mit lokalen Traditionen, weshalb ein Schluck Palmschnaps vielen nicht als Sünde gilt.

ORDNUNG MUSS SEIN

Das balinesische Kastensystem ist nicht so rigide und komplex wie das indische, aber dennoch von Bedeutung. Erkennbar ist dies an den Namen: *Ida Bagus* und *Ida Ayu* heißen die am höchsten stehenden Brahmanen (Priester), *Tjokorda* oder *Anak Agung* die *Ksatria* (Krieger und Adlige). Angehörige der *Wesya*-Kaste (Händler) nennen sich *Gusti*. Diese oberen Kasten stellen auch heute noch überdurchschnittlich viele regionale Politikgrößen und genießen hohes Ansehen. 90 Prozent der Balinesen gehören zu den *Sudra* (Bauern). Diese „nummerieren" ihre Kinder: Das Erstgeborene heißt Wayan oder Putu, das zweite Kind Made oder Kadek, das dritte Nyoman oder Komang und das vierte Ketut. Beim fünften Kind wird die Zählung von vorn begonnen. Zur Unterscheidung steht bei Männern I, bei Frauen Ni vor dem Namen.

FEURIGES FINALE

Die Balinesen glauben, dass die Seele erst nach der Zerstörung ihrer körperlichen Hülle frei ist. Da das Ritual der Feuerbestattung aber viel Geld kostet, bleiben viele Tote zunächst jahrelang begraben und spuken angeblich auf dem Friedhof, bis ihre Familie das nötige Geld gespart hat, um die teure Zeremonie bezahlen zu können. Ärmere Familien tun sich oft zu Massenbestattungen zusammen. Zur Vorbereitung der Feuerbestattung *(ngaben)* werden dann riesige Verbrennungstürme mit Sarkophagen in Tiergestalt (z. B. Büffel, Löwe) gebaut und aufwendig geschmückt. Die Überreste der Verstorbenen werden darauf in einer prächtigen Prozessionen durchs Dorf getragen und spektakulär entzündet. Abschließend wird die Asche einem Fluss oder dem Meer übergeben. Die ganze Zeremonie ist alles andere als schweigsam und trauernd, schließlich ist es ein freudiges Ereignis, die Seele eines Angehörigen endlich freilassen zu können.

DA SCHWILLT DER KAMM

Vielerorts werden dir die glockenförmigen Körbe auffallen, in denen einzelne Hähne ihr Dasein fristen. Tatsächlich werden die Tiere von ihren Besitzern sorgfältig gepflegt und trainiert – denn es handelt sich um Kampfhähne. Schon in vorhinduistischer Zeit sollten mit dem Ritual des Hahnenkampfs böse Dämonen besänftigt werden. Seit 1982 sind Hahnenkämpfe nur noch zu „rituellen Zwecken" erlaubt, was die Balinesen aber nicht daran hindert, illegale Wettkämpfe abzuhalten. Wett-Kämpfe im buchstäblichen Sinne, denn hier hat schon manch einer Haus und Hof auf seinen Favoriten gesetzt. Zum Kampf bekommen die Vögel eine scharfe Klinge an den Fuß gebunden. Das blutige Spektakel dauert meist nur wenige Sekunden und endet mit der Flucht oder schweren Verwundung eines der Kontrahenten.

REISLUST

In ganz Indonesien ist Reis das Hauptnahrungsmittel. Für Balinesen jedoch ist Reis nicht einfach nur eine Pflanze, sondern ein Symbol für die Fruchtbarkeitsgöttin Dewi Sri, die in Schreinen auf den Feldern verehrt wird. Die Reisfelder werden mittels eines komplizierten Kanalsystems bewässert, das von der jeweiligen Bauernkooperative *(subak)* streng überwacht wird. Dieses

KLISCHEE KISTE

DUFTENDE GLIMMSTÄNGEL

Indonesien ist eines der letzten großen Raucherländer. Schon am Flughafen wirst du vom süßlichen Geruch der *Kretek*-Zigaretten begrüßt. Im 19. Jh. begann man auf Java, den Nelkentabak gegen Asthma zu inhalieren. Rauchen der Gesundheit zuliebe – das mag verstehen, wer will, doch daraus entstand eine der größten Industrien Indonesiens.

KUTA-COWBOYS

Anschluss findest du hier schnell – vor allem als allein reisende Frau. In Balis Süden, auf den Gilis oder in Kuta auf Lombok sind lässige, flirterfahrene Beachboys mit Surferattitüde nie weit. Manche lassen sich von Touristinnen als Begleiter auf Zeit aushalten, andere meinen es durchaus ernst, wieder andere sind harmlose Aufschneider.

ALLES ESO, ODER WAS?

Zur Selbstfindung nach Bali – das ist so abgedroschen, dass es wahr sein muss. Spätestens seit Elizabeth Gilberts Roman „Eat, Pray, Love" ist vor allem Ubud ein Wallfahrtsort für Esoteriker und New-Age-Anhänger. Tausende pilgern zum jährlichen Bali Spirit Festival, und die Preise sind ebenso abgehoben wie die Angebote: ekstatischer Tanz und Kirtan-Singen, Chakra-Balancing und Sound-Healing.

demokratische, naturverbundene Anbausystem wurde von der Unesco als Weltkulturerbe anerkannt. Reisanbau ist Männersache, bei der Ernte (dreimal im Jahr) hilft die gesamte Familie. Auf Bali und Lombok ziehen sich die malerischen Reisterrassen bis auf mehr als 1000 m die fruchtbaren Vulkanhänge hinauf, aber auch schmale Flusstäler hinab. Besonders fotogene Terrassenformationen findest du in Jatiluwih, Tegallalang und Tetebatu.

LET'S DANCE

Du warst nicht auf Bali, wenn du nicht wenigstens eine Tanzvorführung gesehen hast. Dürfte nicht schwierig werden, denn zu fast jedem Anlass wird getanzt – ob bei Tempelfesten *(odalan)*, Familienzeremonien oder einfach zur Unterhaltung. Einige Tänze erzählen Geschichten aus den hinduistischen Epen Ramayana oder Mahabharata, andere, wie *barong*, vom Kampf eines Fabelwesens mit der bösen Hexe Rangda. Die prachtvoll geschmückten Tänzer halten immer Kontakt mit der Erde, jedes Fingerspreizen oder Augenrollen hat eine Bedeutung. Der anmutige *legong* wird von Mädchen vor ihrer ersten Menstruation getanzt. Beim trancehaften *kecak* sitzen rund hundert Männer auf dem Boden und bewegen sich synchron, während sie „Cak-ke-cak-ke-cak" rufen; die heute populäre Version choreografierte übrigens der deutsche Maler Walter Spies 1933 für den Film „Insel der Dämonen".

HEILIGER BIMBAM

Die balinesischen Tempel, die du auf deiner Reise sehen wirst, sind keine bloßen Baudenkmäler sondern nach wie vor zentrale Stätten des religiösen und sozialen Lebens. Du solltest dich also entsprechend rücksichtsvoll verhalten (s. S. 148).

Tempel sind stets ummauerte, nach oben offene Areale. Den Eingang bildet meist ein gespaltenes Tor, das von steinernen Dämonen bewacht wird. Das Innere besteht aus drei Höfen, von denen der dritte und heiligste den Bergen zugewandt ist. Hier finden sich pagodenförmige Schreine mit bis zu elfstufigen Dächern. Jedes Dorf hat drei Tempel: Der *pura puseh* (Ursprungstempel) ist dem Schöpfergott Brahma geweiht. Der *pura desa* (Dorftempel) steht unter dem Schutz Wishnus, des Bewahrers, und ist Mittelpunkt des gesellschaftlichen Lebens. Am seltensten wird der *pura dalem* (Totentempel) aufgesucht, der Shiva, dem Gott der Zerstörung, geweiht ist.

Der wichtigste Tempel auf Bali ist der Pura Besakih am Gunung Agung. Er gehört zu den sechs heiligsten Tempeln, den *sad kahyangan,* die an bedeutenden Stellen erbaut wurden. Außer dem Pura Besakih sind dies Pura Lempuyang Luhur, Pura Goa Lawah, Pura Luhur Uluwatu, Pura Luhur Batukaru und Pura Pusering Jagat.

KNETEN, REIBEN, ZIEHEN ...

Mindestens ein Wellnesstag gehört zum Bali-Urlaub dazu, denn Wellness hat auf Bali eine lange Tradition. Schon die traditionellen Heiler in den Dörfern verstanden es, durch Massagen kleine Beschwerden zu lindern, und nicht nur am Hof der Fürsten kamen diverse Kräutertinkturen und Öle zum Einsatz. Die balinesische Massage zeichnet sich durch angenehmes Kneten und Reiben aus, stellenweise auch gezieltes Drücken und Ziehen. Es wird der ganze Körper massiert, sowohl von vorn als auch von hinten.

Schon ab 70 000 Rp. gibt es einstündige Massagen am Strand, doch lohnt es sich, mehr auszugeben, um sich in einem Spa von geschulten Masseuren behandeln zu lassen. Spas gibt es auf Bali an jeder Ecke, auf Lombok hauptsächlich in großen Hotels. Eine Auswahl findest du auf *balispaguide.com.* Viele Unterkünfte ohne eigenes Spa bestellen auch Masseurinnen, die ihr Werk dann auf einer Liege im Garten, am Strand oder im Zimmer verrichten.

BEGEGNUNG MIT DICKHÄUTERN

Touristen und Elefanten in Asien – ein heikles Thema. Der Kontakt zu Elefanten ist meist sehr kommerzialisiert und ein lukratives Geschäft. Auf Bali und Lombok gibt es zwei Orte mit Elefanten, und in beiden ist man sich der Problematik und kritischen Haltung vieler Touristen bewusst. Im *Bali Zoo* haben die Tiere große Gehege, müssen keine Kunststücke aufführen und werden allenfalls für kurze Fotosessions oder Mahout-Tageskurse gebucht; geritten wird ohne Sattel. Im *Lombok Wildlife Park* (s. S. 108) kann man die Dickhäuter füttern, baden und schrubben. Nicht frei von Kommerz und Dressur, aber doch weit entfernt vom Zirkus anderer Elefantencamps.

Jede Dorfgemeinschaft hat im Pura Besakih ihren eigenen Bereich

ESSEN SHOPPEN SPORT

Teuer und zu schade für den Alltagsgebrauch sind handbemalte Stoffe

ESSEN & TRINKEN

Milde Currys, feuriges Sambal, zarte Fleischspieße, knuspriges Spanferkel und raffinierte Fischgerichte – die landestypische Küche ist mal lieblich-würzig, mal höllisch scharf, dann wieder fruchtig, aber stets abwechslungsreich. Dazu gibt es Reis, was sonst? Denn wer keinen Reis gegessen hat, der kann gar nicht satt sein, meinen die Indonesier.

JENSEITS DES TELLERRANDS

Zuerst die gute Nachricht: Du kannst in gehobenen Restaurants dinieren oder für kleines Geld an der Garküche schlemmen – vor allem in Südbali und Ubud setzen die Restaurants zum kulinarischen Rundumschlag an. Auch Vegetarier, Veganer, Bio-Verfechter und Slow-Food-Enthusiasten müssen hier nicht hungern, denn die Gastronomie hat sich auf Trends aus dem Ausland bestens eingerichtet. Du kannst theoretisch einen ganzen Urlaub verbringen, ohne einmal etwas Landestypisches zwischen die Kiemen zu bekommen. Das wäre allerdings jammerschade, denn die indonesische Küche ist wirklich vorzüglich.

LÖFFLE KEINEN EINHEITSBREI!

Und jetzt die schlechte Nachricht: Viele Restaurants haben sich dem allgemeinen Touristengeschmack angepasst und servieren neben Pizza, Steak und Sushi bis zum Geschmacksverlust abgemilderte Varianten der immer gleichen Gerichte: *nasi goreng* (gebratener Reis), *mie goreng* (gebratene Nudeln), *gado-gado* oder *soto ayam* (Hühnersuppe mit Zitronengras), *sate* (Fleischspießchen), *tempeh* (salziges, fermentiertes Soja), etwas *sambal* (Chilidip) und *krupuk* (Chips aus Krabbenmehl). Authentischer schmeckt's bei Garküchen und in einfachen Straßenrestaurants, die mit leckerer Hausmannskost und fairen Preisen wett-

Lecker: Hühnchen-Sate-Spieße mit Erdnusssauce und danach ein fruchtiger Cocktail

machen, was sie an Ambiente und manchmal auch Sauberkeit vermissen lassen. Hier solltest du allerdings nur verzehren, was frisch gekocht, gebraten oder gegrillt ist. Merke: Wo viel los ist, ist auch das Essen gut.

ANDERE LÄNDER, ANDERE (TISCH-)SITTEN

Was zeichnet die lokale Küche denn nun aus? Zum einen ein ganz anderes Essverhalten. Im indonesischen Alltag wird häufig auf gemeinsame Mahlzeiten verzichtet, jeder isst, wenn er Hunger hat. Morgens kochen die Frauen Reis und mehrere Gerichte vor. Das Essen ist daher in der Regel lauwarm bis kalt – und wird auch in einigen Lokalen so serviert. Bei balinesischen Zeremonien beteiligen sich auch die Männer an der Zubereitung der Speisen, vom Schlachten der Enten und Schweine bis zum Stampfen der Gewürzpasten; die Vorbereitungen dauern oft tagelang, das Kochen und Essen wird zum Gemeinschaftserlebnis. Zudem spielt Reis eine zentrale Rolle, vergleichbar mit unserem sprichwörtlichen täglichen Brot. Und tatsächlich wirst du Reis hier schon zum Frühstück vorfinden, kannst aber meistens auch auf *banana pancake* ausweichen, wenn du es lieber süß magst.

Zum Reis gibt es eine Vielzahl kleinerer Gerichte, die teilweise auf Bananenblättern angerichtet auf den Tisch oder portioniert auf deinen Teller kommen. Immerhin: Auch wenn wir im Fernen Osten sind, werden fast alle Gerichte mit Gabel und Löffel gegessen. Richtig traditionell isst du mit der Hand, aber denk daran, dass es nur die rechte sein darf!

INSIDER-TIPP
Geht's auch ohne?

GESCHMACK(S)SACHE

Gewürzpasten geben jedem Gericht seine besondere Note. Die verschiede-

Sate-Spieß, Ei, Krabbenchips und Sambal gehören zu einem typischen *nasi goreng*

nen Zutaten werden in einem Mörser zerstampft und meist kurz angebraten. Unentbehrlich sind Ingwer, Kurkuma, Galgant und Koriander. Zitronengras, Limetten; Salamblätter und Tamarinde verleihen der Gewürzmischung eine frische, säuerliche Note, Palmzucker und Kemiri-Nüsse eine gewisse Süße. Garnelenpaste und Chili geben dem Ganzen Schärfe.

Die balinesische Küche ist vergleichsweise mild, aber auf der Nachbarinsel steht dir schon mal der Mund in Flammen, wenn du z.B. Wasserspinat *(kangkung)* nach Lombok-Art bestellst. Die Insel ist nicht von ungefähr nach der scharfen Schote benannt! Zudem kommen in den dortigen Suppengerichten auch saure Geschmacksnoten zum Tragen, und natürlich verzichten die Muslime auf Schweinefleisch.

DAS NACHSPIEL

Desserts sind unüblich. Es gibt aber Kuchen und Puddings aus Kokosnuss oder Klebreis, beliebt sind auch in Teig gebratene Bananen. Überhaupt die Früchte: Mangos und Papayas, rothaarige Rambutans, duftende Mangostanen und schlangenhäutige Salaks, die riesige Jackfrucht, süßsaure Sirsaks *(soursop)* und die – nach Meinung der Indonesier – Königin aller Früchte: die stachelige Durian, an deren käsigem Geruch sich die Geister scheiden – und dein Magen sich vermutlich umdreht. Dann empfiehlt sich eine junge Kokosnuss *(kelapa muda)*, deren Saft als Heilmittel gilt.

Kaffee mögen viele Indonesier wie Mokka in der Tasse aufgegossen und im Normalfall stark gezuckert. Wenn du Milch orderst, solltest du dazusagen, dass du nicht die klebrig-süße Dosenmilch *(susu kental)* meinst. Inzwischen servieren allerdings viele Cafés und Restaurants auch Caffè Latte und Co.

ERHÖHTE DREHZAHL

Bier gibt's fast überall, empfehlenswert ist das nach deutschen und englischen Rezepten auf Bali gebraute Stark. Weinliebhaber müssen tiefer in die Tasche greifen, am günstigsten sind die auf Bali gekelterten Weine von Hatten und Two Islands. Im Gegensatz zum muslimischen Lombok gibt es auf Bali ein breites Angebot an stärkeren Geistern, vor allem *arak* (Reisschnaps). Aber nimm dich in Acht vor Selbstgebranntem! Wegen gepanschten Alkohols gab es bereits mehrere Fälle von schweren Methanolvergiftungen bei Touristen.

Unsere Empfehlung heute

Kickstart

GADO-GADO
Würziger Salat mit Ei, Bambussprossen und Erdnusssauce

SATE LILIT
Gehackter Fisch mit Kokosraspeln und Gewürzen, am Bambusspieß gegrillt

Intermezzo

PELECING KANGKUNG
Wasserspinat mit Sojasprossen und scharfer Chili-Tomaten-Sauce

GEDANG MEKUAH
Papaya-Kokos-Curry mit Zitronengras und Gemüseeinlage

Fleisch

BABI GULING
Mit Gewürzen gefülltes Spanferkel, am offenen Feuer gegrillt

BALUNG NANGKA
Geschmorte Schweinerippchen mit gekocher Jackfrucht

BEBEK BETUTU
Stundenlang in Bananenblättern gegarte Ente

Fisch

PEPES IKAN
Im Bananenblatt gedünsteter Mix aus Fisch und Gewürzen

SATE GURITA
Marinierter Tintenfisch, am Spieß gegrillt

Desserts

PISANG GORENG
In Teig gebratene Bananen

BELIMBING & MARKISA
Stern- und Passionsfrucht

ES CAMPUR
Gefrorene Früchte in Kokossauce mit Eiscreme

Flüssiges

JUS SIRSAK
Frischer Saft aus der Stachelannone *(Soursop)*

TEH JAHE SERE
Tee aus Ingwer und Zitronengras

BINTANG
Indonesiens beliebtestes Bier

SHOPPEN & STÖBERN

Bali ist ein Einkaufsparadies. Ob modern oder klassisch – Kleidung, Kunsthandwerk und Schmuck gibt es in (fast) jeder Preisklasse. Man muss nur wissen, wo – und da liegt der Haken. Denn die großen Souvenirgeschäfte bieten überwiegend Massenware zu überteuerten Preisen, auch stammt längst nicht alles aus Bali oder Lombok. Wer dagegen in handwerklich spezialisierte Dörfer fährt, findet noch echte Schätze und hochwertige Handarbeit zu guten Preisen. Vorsicht jedoch bei Antiquitäten – wenige sind wirklich alt.

AUS ECHTEM HOLZ GESCHNITZT

Ob mythische Figuren, Masken, stilisiertes Obst oder ganze Türrahmen: Die Balinesen schnitzen beinahe alles. Große Kunstfertigkeit beweisen die Holzschnitzer im Dorf Mas bei Ubud, die unglaublich plastische Skulpturen herstellen. Auch stylishe Möbel findest du südlich von Ubud; die Verschiffung übernehmen professionelle Unternehmen.

Geschnitten und gestanzt sind dagegen Schattenspielfiguren *(wayang kulit)* aus Büffelleder. Wirklich alt sind sie nur, wenn sie Abnutzungsspuren aufweisen. Dasselbe gilt für die hölzernen Stabpuppen *(wayang golek)*, die meist aus Java stammen.

BLING-BLING

Bali hat eine lange Tradition der Silber- und Goldschmiede. Am bekanntesten ist das Dorf Celuk *(celuksilvervillage.com)* bei Ubud, das leider von Touristenbussen überrollt wird. Aus Lombok stammen wunderschöne champagnerfarbene Perlen, gezüchtet werden aber auch schwarz schimmernde und rosafarbene Perlen; die günstigeren stammen aus Süßwasserbecken. Für gute Qualität solltest du nicht am

Praktische Souvenirs sind Körbe und handgewebte Stoffe

Strand, sondern in richtigen Läden in Senggigi oder Mataram einkaufen.

VOM LEDER GEZOGEN

Von Kuta bis Sanur findest du erstklassige Lederboutiquen und kleine Lederwerkstätten. Stylishe Taschen und Schuhe produziert *ELF (balielf.com)*, das sich auf den Onlinehandel spezialisiert hat. Stöbern und auf Bali produzierte Mode aus Spitze kaufen kannst du bei *Uluwatu (Shops in Kuta, Sanur, Seminyak, Ubud | uluwatu.co.id)*.

GUT BETUCHT

Typisch für Bali und Lombok sind die *Ikat*-Webstoffe – je nach Muster kann ihre Herstellung Wochen oder Monate dauern. Lass dich nicht von den Farben täuschen – billige chemische Farben leuchten kräftig, während teure Naturfarben blass wirken. In Sidemen kannst du in häuslichen Kooperativen bei der Herstellung von *Endek*-Stoffen zusehen und einkaufen. Lombok ist für Webstoffe mit Goldfäden bekannt, sogenannte *songket*. Auch die kaufst du am besten direkt bei den produzierenden Kooperativen in Sukarara. Klassische Batikstoffe stammen meist aus Java; gute Qualität zeigt sich am gleich stark ausgeprägten Muster auf beiden Seiten des Stoffs. Typische Web- und Färbetechniken wie Batik und *songket* nutzen die Edeldesigner Dwi Iskandar, Bintang Mira und Quarzia *(dwi-iskandar.com | bintangmira.com | quarzia.it)*.

INSIDER-TIPP
Tracht wird Haute Couture

GROSSE KUNST

Auf jedem Souvenirmarkt findest du Gemälde mit mehr oder weniger generischen oder einfach folkloristischen Motiven. Origineller (und teurer) sind die Werke in den Kunstgalerien von Ubud oder Seminyak.

SPORT

Auf Bali, Lombok und den Gilis hast du eine riesige Auswahl an Freizeitaktivitäten. Im Vordergrund steht natürlich das Meer mit Schnorcheln, Tauchen und Surfen. Sehr beliebt sind auch Mountainbiking, Rafting und Trekkingtouren auf die Vulkane oder zu Wasserfällen. Letzteres ist eine beliebte Variante, da du dich nach der schweißtreibenden Wanderung zumeist im kühlen Nass erfrischen kannst – was übrigens auch ein klassisches Fotomotiv abgibt, das in deinem Bali-Album nicht fehlen sollte.

MOUNTAINBIKING

Trotz des tropischen Klimas kannst du Tagestouren mit dem Rad unternehmen, es gibt jedoch keine richtigen Radwege. Einige Straßen in der Umgebung von Ubud sind aber nicht so stark befahren, sodass sie sich gut für Radausflüge eignen. Wegen der Steigungen haben manche Veranstalter auch E-Bikes im Angebot.

Touren in kleinen Gruppen organisieren von Ubud aus *Bali Eco Cycling (Tel. 0361 97 55 57 | baliecocycling.com)* und *Greenbike Adventure (Tel. 0851 01 69 96 92 | greenbikeadventure.com)*. *Adventure Lombok (Tel. 0812 38 11 11 01 | adventurelombok.com)* in Senggigi bietet Tagestrips und Downhill-Touren auf der Nachbarinsel.

RAFTING

Am beliebtesten ist die etwa zweistündige Wildwasserfahrt mit dem Schlauchboot durch die *Schlucht des Ayung-Flusses* bei Ubud, etwas anspruchsvoller die Tour auf dem *Telaga-Waja-Fluss* am Gunung Agung – nasse Klamotten inbegriffen. Alle Veranstalter holen ihre Teilnehmer im Hotel ab, z. B. *Mason Adventures (Ubud | Tel. 0361 72 14 80 | masonadventures.com)* oder *Sobek Bali Utama*

Taucher machen vor Bali viele neue Bekanntschaften

(Ubud/Kuta | Tel. 0817 9752345 | balisobek.com).

SEGELN

Soll's ein moderner Hochseekatamaran sein, oder möchtest du lieber auf einem traditionellen Bugis-Schoner anheuern? Zahlreiche Veranstalter haben unterschiedlichste Segeltörns im Angebot. Die Fahrten dauern von einem Tag bis zu einer Woche, meist geht es dabei von Bali aus in den Osten. Tagesausflüge führen nach Nusa Lembongan, längere Törns weiter nach Lombok, Komodo und Flores, z. B. mit *Adelaar Cruises (Jimbaran | Tel. 0812 3802742 | adelaar-cruises.com)* oder *Sea Trek (Sanur | Tel. 0361 4743902 | seatrekbali.com).* Mit *Bali Hai Cruises (Denpasar | Tel. 0361 720331 | balihaicruises.com)* stichst du für einen Tag vor den Nusa-Inseln in See. Klassisches, individuelles Sportsegeln in kleinen Segelbooten ist nicht sehr verbreitet, aber möglich: Du kannst ein Hobiecat bei *East Bali Surf & Sail (Sanur | Tel. 0811 392791 | eastbalisurfandsail.com)* mieten und auch selbst steuern.

STAND-UP-PADDLING (SUP)

Brett und Paddel für *die* Trendsportart der letzten Jahre kannst du auf Bali an den Stränden von Sanur ausleihen oder auch am Oststrand von Gili Trawangan. Falls du noch nie auf einem SUP-Board gestanden hast, bringen dir einige Verleiher auch bei, wie man sich damit fortbewegt, z. B. *Bali Stand Up Paddle (Sanur | Tel. 0813 38235082 | bali-standuppaddle.org).* Auf Gili Trawangan bietet Yogalehrerin Marki sogar frühmorgendliches SUP-Yoga auf dem Wasser *(Tel. 0819 07845203 | Facebook: Fly Gili Watersports).*

SURFEN

Bali und Lombok sind Traumziele für Wellenreiter. An den Stränden von

Kuta bis Canggu rollt die Brandung gleichmäßig heran, was die Surfspots auch für Anfänger ideal macht. Dagegen sind die riesigen Wellen an Balis Südwestzipfel, z. B. bei Padang-Padang, Bingin und Uluwatu nur etwas für Könner. Surfunterricht, Brettverleih und organisierte Touren gibt es auf Bali bei *Bali Green Surf School (Seminyak | Tel. 0878 81 76 03 13 | baligreensurf.net)* oder auf der Bukit-Halbinsel im *Padang Padang Surf Camp (Pecatu | Tel. 0821 46 42 47 34 | balisurfingcamp.com).*

Auch die Buchten in Lomboks Süden sind keine Geheimtipps mehr, vor allem Mawi, Gerupuk und – für absolute Cracks – Desert Point an der Südwestspitze der Insel. Ein tolles Surfcamp für Anfänger und Fortgeschrittene ist das *Drop In (Kuta Lombok | Tel. 0819 16 04 05 33 | dropinlombok.com).*

TAUCHEN & SCHNORCHELN

Bekannte Tauch- und Schnorchelspots auf Bali sind Pulau Menjangan, die Buchten von Amed sowie das Schiffswrack vor Tulamben. Wegen der schwachen Strömung und geringen Tauchtiefen sind die Gilis im Nordwesten sowie die Secret Gilis im Südwesten von Lombok für Anfänger wie geschaffen. Vor Nusa Penida solltest du dagegen nur tauchen, wenn du auch in starker Strömung angstfrei und vor allem sicherheitsorientiert agieren kannst.

Deutschsprachige Kurse bieten auf Bali *Water WorxX (Padang Bai | Tel. 0821 44 56 53 66 | waterworxbali.com)* und *Tauch-Terminal Bali (Tulamben | Tel. 0819 93 36 62 22 | tauch-terminal.com)*, auf Lombok und den Gilis kannst du mit *Dream Divers (Gili Trawangan/Gili Air | Tel. 0370 69 37 38 | dreamdivers.com)* und *Scuba Froggy (Senggigi/Kuta Lombok | Tel. 0878 65 51 10 90 | scubafroggy.com)* abtauchen.

Schnorchelausrüstung wird an Unterkünften und Ständen am Strand verliehen. Viele Tauchveranstalter nehmen auch Schnorchler mit; eine gute Option, auch weil die Ausrüstung bei Veranstaltern besser in Schuss gehalten wird als das Equipment, das die Strandbuden verleihen.

YOGA

Bali ist einer *der* Yoga-Hotspots in Asien. In vielen Hotels gehören Yogakurse inzwischen zum festen Programm, z. B. im *Desa Seni (desaseni.com)* in Canggu oder im *Zen Resort (zenresortbali.com)* bei Lovina. Einige Yogaschulen halten ihre Sessions sogar am Strand oder im Freien ab. In Ubud hat sich ein ganzer Tourismuszweig auf Yoga eingestellt und bietet mehrtägige Retreats, Schulungen und Sessions in allen denkbaren Stilen und die yogatypische Ausstattung von Kopf bis Fuß. Im April/Mai kannst du dich dort beim *Bali Spirit Festival (balispiritfestival.com)* mit Yogis und Yoginis aus aller Welt austauschen. Auch auf Lombok und den Gilis ist die Yogawelle mittlerweile angekommen. Kurse gibt es z. B. in Kuta Lombok bei *Ashtari (ashtari.yoga),* auf Gili Air bei *H_2O Yoga (h2oyogaandmeditation.com)* oder auf Gili Meno im *maoMeno Yoga Resort (mao-meno.com).*

WANDERN & TREKKING

Deine Fitness kannst du auf Lombok bei der mindestens dreitägigen Tour auf den *Gunung Rinjani* testen. Auch der *Gunung Agung* auf Bali ist kein Spaziergang. Weniger anspruchsvoll, aber ebenso beeindruckend ist die Halbtagestour auf den *Gunung Batur*. Egal, auf welchen Vulkan es dich zieht, ein Guide ist immer erforderlich, bei mehrtägigen Treks kannst du zudem Träger in Anspruch nehmen. Die Ausrüstung und Verpflegung stellen die Veranstalter, nur feste Schuhe, einen Tagesrucksack und warme Kleidung solltest du selbst mitbringen.

Bergbesteigungen organisieren z. B. *Bali Sunrise (Ubud | Tel. 0877 60046942 | balisunrisetours.com)* oder auf Lombok *Rudy Trekker (Senaru | Tel. 0818 03652874 | rudytrekker.com)*. Die Schweizer Hilfsorganisation *Zukunft für Kinder (zukunft-fuer-kinder.ch)* vermittelt spannende Trekkingtouren im Norden des Danau Batur. Damit werden Dorfprojekte unterstützt, und mancher Guide verdiente sich früher seinen Lebensunterhalt als Bettler. Tiefe Einblicke in die Natur und Kultur Balis ermöglichen die Touren von *JED (jed.or.id)*: Die NGO engagiert Locals, die dir „ihre" Insel zeigen – individueller geht es nicht.

INSIDER-TIPP
Wandern und Gutes tun

Wandern auf eigene Faust ist mangels beschilderter Wege eher die Ausnahme. Rund um Ubud kannst du kurze Wanderungen zwischen den Reisfeldern und kleinen Schluchten unternehmen. Auch zwischen Tenganan und Tirtagangga sowie rund um Tetebatu wandert es sich herrlich, aber auch hier solltest du dir einen Guide nehmen, wenn du dich nicht verlaufen willst.

Es muss nicht gleich eine Vulkanbesteigung sein: Bali bietet viele schöne Wanderwege

DIE REGIONEN IM ÜBERBLICK

Laut Bali
OSTBALI S. 80
Alte Paläste, ursprüngliches Landleben und der raue Charme der Nusa-Inseln
GILIS S. 112
Inselhopping als Drei-Gänge-Menü
LOMBOK S. 94
Traumhafte Surfstrände, stolze Sasak-Kultur und ein majestätischer Vulkan
Amed
Tanjung
Danau Segara Anak
Senggigi
Mataram
Praya
Kuta Lombok
Selat Lombok
10 km
6.21 mi

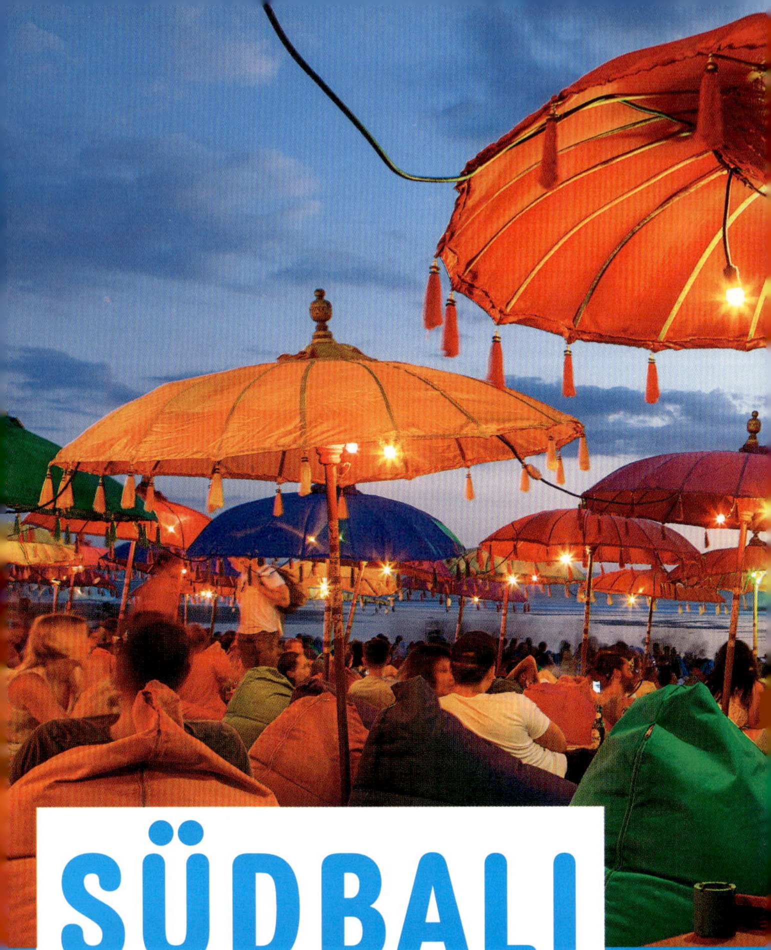

SÜDBALI

STRÄNDE UND NACHTCLUBS

Nach der Ankunft am Flughafen wirst du erst mal überwältigt sein von den vielen Eindrücken, die auf dich einstürmen: Gerade eben noch im chaotischen Verkehr, findest du dich plötzlich wenige Schritte weiter in kleinen Gassen mit versteckten Gärten und Innenhöfen wieder, den süßlichen Geruch von Räucherstäbchen und Opfergaben in der Nase. Oder in einem der weitläufigen Resorts mit Strandblick, duftenden Frangipanibäumen und betörender Gamelanmusik.

Abend für Abend ein Spektakel sind die Sonnenuntergänge am Strand von Legian

Millionen ausländische Touristen im Jahr bedeuten nicht nur Devisen, sondern auch jede Menge Einflüsse aus dem Rest der Welt. Am stärksten ist dies in Kuta und Legian zu spüren, wo es den meisten vor allem um Strand, Surfen und Partys geht. Bis hoch nach Seminyak reihen sich nahtlos Restaurants, Bars und Hotels aneinander, wobei sich Angebot und Klientel der einzelnen Strandabschnitte durchaus unterscheiden. Ganz unterschiedlich sind auch die Orte auf der vom Regen nicht gerade verwöhnten Bukit-Halbinsel.

SÜDBALI

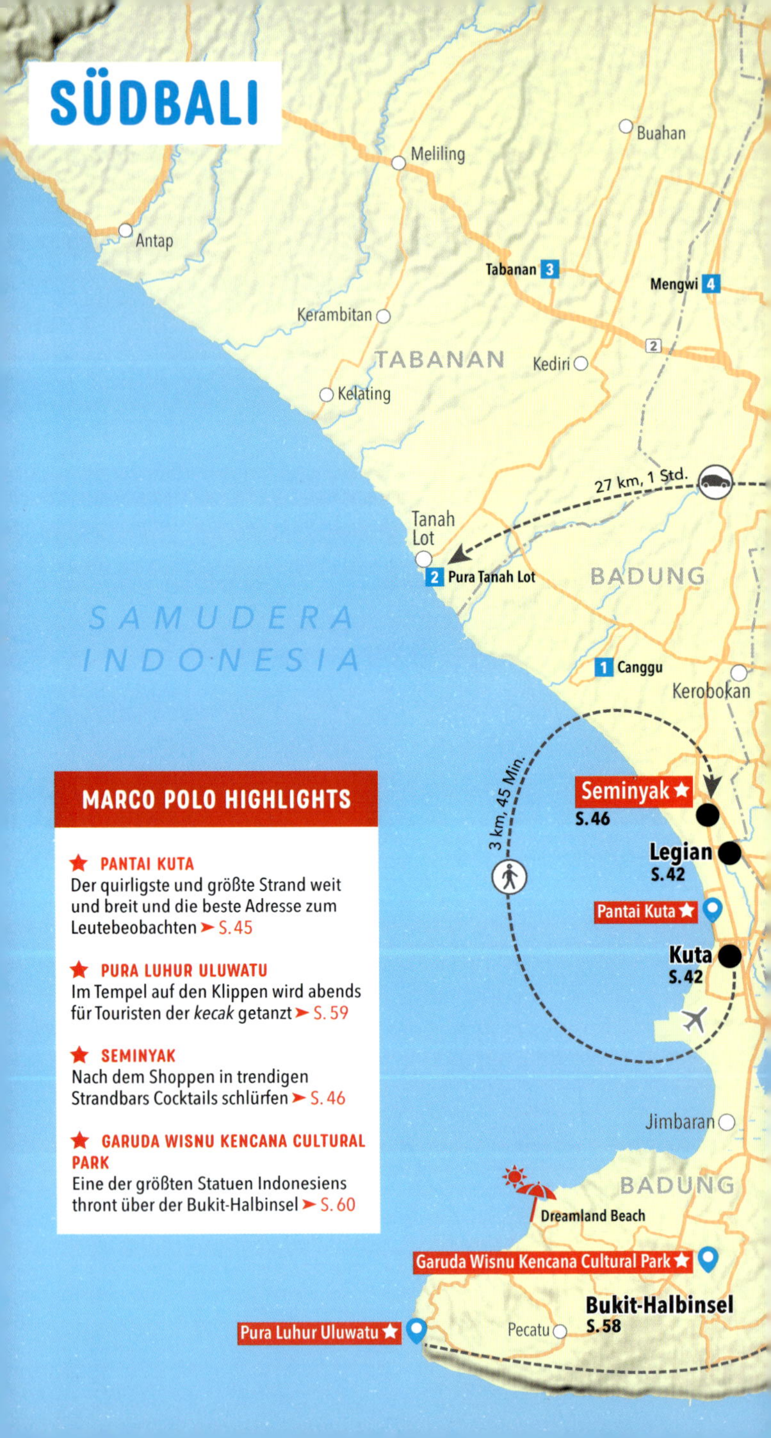

MARCO POLO HIGHLIGHTS

★ **PANTAI KUTA**
Der quirligste und größte Strand weit und breit und die beste Adresse zum Leutebeobachten ➤ S. 45

★ **PURA LUHUR ULUWATU**
Im Tempel auf den Klippen wird abends für Touristen der *kecak* getanzt ➤ S. 59

★ **SEMINYAK**
Nach dem Shoppen in trendigen Strandbars Cocktails schlürfen ➤ S. 46

★ **GARUDA WISNU KENCANA CULTURAL PARK**
Eine der größten Statuen Indonesiens thront über der Bukit-Halbinsel ➤ S. 60

Sangeh
Pejeng Kaja
BANGLI
Taman Bali
Ubud
Pejeng
KLUNGKUNG
5 Bali Bird Park
Semarapura
Gianyar
Blahbatuh
Sibang Gede
GIANYAR
Bali Safari Park 6
Sukawati
Batubulan
2
DENPASAR
Denpasar
S. 51
Sanur
S. 54
Pantai Sanur
Selat Badung
7 Pulau Serangan
30 km, 1 ½ Std.
Tanjung Benoa
SAMUDERA
INDONESIA
Nusa Dua
4 km
2.49 mi

KUTA/LEGIAN

(🕮 H–J7) **Bevor die Hippies und Surfer in den 1960ern den kilometerlangen Sandstrand mit der ewig rollenden Brandung für sich entdeckten, war Kuta ein Fischerdorf mit zwischen Palmen verstreuten Häusern und ungepflasterten Wegen.**

Heute zeugen nur noch die engen Gassen um die Poppies Lane von der alten Dorfstruktur. Entlang der Strandpromenade und der *Jalan Legian*, die Kuta mit Legian verbindet, drängen sich Autos, Mopeds und Geschäfte. Hotels, Restaurants und Läden reihen sich dicht an dicht, und die Übergänge zu den Nachbarorten Tuban im Süden und Seminyak im Norden sind fließend: Alles ist zu einer großen zählenden Agglomeration (120 000 Ew.) verschmolzen, die in jeder Richtung an ihre Grenzen stößt – und sich deshalb immer mehr verdichtet. Das ist nichts für Ruhesuchende. Doch gerade die pulsierende Dichte zieht Surfer und Partyfans an, die tagsüber Strand, Sonne, Wellen genießen und abends ins Nachtleben abtauchen. Leider wird in der Regenzeit viel Müll an den Strand gespült, die Einheimischen kämpfen mit regelmäßigen Aufräumaktionen dagegen an. Ein Denkmal an der Stelle eines zerstörten Nachtclubs in der Jl. Legian erinnert an die Opfer der Bombenanschläge von 2002 und 2005.

SIGHTSEEING

BALI SEA TURTLE SOCIETY

Wenige Schritte südlich der Stelle, an der die Strandstraße Jl. Pantai Kuta ins Hinterland abknickt, erblicken in geschützten Sandkästen kleine Schildkröten zwischen März und September das Licht der Welt. Mit etwas Glück und gegen eine kleine Spende kannst du sogar selbst eine der hier geschlüpften Babyschildkröten ins Meer freilassen. Auf ihrer Facebookseite informiert die NGO über den Bestand an Nestern und die ungefähre Schlüpfzeit. *Tgl. 16–21 Uhr | Eintritt frei | baliseaturtle.org | ⏲ 30 Min.*

ESSEN & TRINKEN

KUALI RESTAURANT

Unter ausladenden Bäumen lässt du dir in diesem Strandrestaurant, in dem es locker zugeht, die üppigen indonesischen und westlichen Gerichte zu vernünftigen Preisen schmecken. *Tgl. | Jl. Arjuna 99 | Legian | Tel. 0361 73 02 45 | €–€€*

POSERS PUB

Die rustikale Eckkneipe und Sportsbar ist fast schon eine Institution und tischt dir deftiges Pubfood, westliche und indonesische Gerichte, Burger und Snacks zu Live-Sportübertragungen auf. Besonders amüsant, wenn Australian Football läuft und sich die anwesenden „OZs" über die ruppigsten Tackles austauschen. *Tgl. | Jl. Padma 1 | Legian | Tel. 0361 76 64 97 | posers.business.site | €–€€*

KORI RESTAURANT & BAR

Eine Oase der Ruhe in Kuta: Balinesische Spezialitäten und internationale, hübsch angerichtete Speisen in einem schönen Garten. Gut für einen Abend mit Stil, es gibt sogar eine Wein-, Zigarren- und Cognaclounge.

Tgl. | Poppies Lane II | Kuta | Tel. 0361 75 86 05 | korirestaurant.co.id | €€–€€€

WANAKU

Unter dem großen, luftigen Bambusdach wird erstklassiges Seafood nach indochinesischer Art serviert. Wie wär's mit Fisch vom Grill, Hummer an Glasnudeln, gedünsteten Muscheln mit Sojasauce oder marinierten Quallen? *Tgl. | Jl. Kediri | Tuban | Tel. 0361 4 75 51 00 | wanakubali.com | €€–€€€*

ENVY

Gediegenes Bar- und Lounge-Restaurant, das köstliche Pasta, Steaks, Seafood und Cocktails serviert und durch einen „manikürten" Rasen von der

Auf die perfekte Welle brauchen Surfer an Kutas Stränden nicht lange zu warten

Strandstraße getrennt wird. Ein kurzer Verdauungsspaziergang in Richtung Süden bringt dich von dort zum Pantai Jerman, dem „deutschen Strand", wo du den Flugzeugen bei Start und Landung zusehen kannst. *Tgl. | Jl. Wana Segara 33 | Tuban | Tel. 0361 75 55 77 | short.travel/bal16 | €€–€€€*

SHOPPEN

KENCANA ART MARKET

In dem großen Souvenirgeschäft findest du Mitbringsel aller Art zu vergleichsweise günstigen Festpreisen. Anders als bei den fliegenden Händlern auf der Straße brauchst du hier nicht zu feilschen. *Jl. Legian 357 | Legian*

SENSATIA BOTANICALS

Der balinesische Kosmetikhersteller hat sich auf schadstofffreie Hautcremes und Pflegeprodukte aus natürlichen Inhaltsstoffen spezialisiert – von der Gesichtsmaske über die korallenfreundliche Sonnenlotion bis hin zu Duftölen und Babyshampoo. *Jl. Legian 133 | Kuta | sensatia.com*

BALI BEACH WALK

Schickes Einkaufszentrum direkt an der Strandpromenade mit einheimischen wie internationalen Mode- und Schmuckboutiquen, Souvenir-, Kosmetik- und Food-Outlets. *Jl. Pantai Kuta | Kuta | beachwalkbali.com*

SPORT & SPASS

Gute Spots zum Surfen und Brettverleihshops findest du am Strand bzw. an der Promenade dahinter. Oft arbeiten am Strand auch Surflehrer, die dich bei den ersten Stehversuchen anleiten.

STRÄNDE

Der eigentliche Besuchermagnet ist und bleibt der kilometerlange, breite ★ *Pantai Kuta,* an dem du erste Surfversuche ebenso wie ausgedehnte Spaziergänge unternehmen oder einfach nur dasitzen und Leute beobachten kannst. Die Wellen können hier ziemlich wild werden, und es gibt tückische Unterströmungen, also achte darauf, ob rote Bojen und Fahnen ein Schwimmverbot anzeigen. Kinder sollten hier nicht unbeaufsichtigt planschen. Die Sonnenuntergänge sind traumhaft! Genieß die Atmosphäre bei einem Strandspaziergang oder mach's dir mit einem kühlen Drink in den Kissen der Strandbars bequem, die sich am *Strand von Legian* aneinanderreihen und mit weitgehend identischer Getränkekarte, aber wechselnder Livemusik locken.

INSIDER-TIPP
Sundowner

WELLNESS

Massagen und Spas gibt es an jeder Ecke. Als einer der besten Wellnesstempel Kutas gilt das *DaLa Spa* im *Villa de Daun Resort (Jl. Legian 123 | Kuta | Tel. 0361 75 62 76 | dalaspa.com),* günstiger kannst du dich im *Cozy (Jl. Sunset Rd. 66 | Legian | Tel. 0812 38 50 66 11 | cozyspa.business.site)* durchkneten lassen.

AUSGEHEN & FEIERN

ORANGE BEACH BAR

Eine entspannte Adresse für einen Cocktail oder ein kühles Bier am Strand sind die von bunten Schirmchen beschatteten Sitzkissen am Strand von Legian. Manchmal werden nach Sonnenuntergang Filme auf der Leinwand gezeigt oder die Gitarren rausgeholt. Falls du davon genug hast: Nebenan gibt's weitere Strandbars. *Tgl. 9–22 Uhr | Jl. Pantai Legian | Legian | Facebook: orangebarlegian*

SINALOA

Die luftige, stimmungsvolle Bar serviert gute Cocktails, die zur Happy Hour deutlich preisreduziert sind. An manchen Abenden treten Musiker auf und spielen Coversongs. *Tgl. 12–23 Uhr | Jl. Padma Utara 100X | Legian | Facebook: sinaloabali*

BEACHWALK XXI PREMIERE ☂

Großes, komfortables Kino, in dem vor allem Blockbuster aus Hollywood und Asien laufen. *Beachwalk Lvl. 2, Jl. Pantai Kuta | Kuta | 21cineplex.com/theaters*

SKY GARDEN LOUNGE

Laute Musik, schrille Farben, computeranimierte Videos, das schätzt das gemischte Publikum, das sich auf mehreren Tanzflächen verteilt. Der Eintritt ist nicht günstig, aber dafür darf man sich auch bis spät in die Nacht zu vornehmlich elektronischer Musik und Top-40-Hits austoben. *Mi–Sa 21–3 Uhr | Eintritt ab 100 000 Rp. | Jl. Legian 61 | Kuta | @skygardenbaliofficial*

BOSHE VVIPCLUB

In dem großen Club trifft sich vorwiegend junges Publikum zum Sound von DJs und indonesischen Livebands und bei Karaokepartys. Die Tische rund um Tanzfläche und Bühne werden von Servicekräften betreut, die leicht an ihren bunt gefärbten Haaren und schrillen Frisuren zu erkennen sind. *Tgl. ab 14, Livemusik ab 22 Uhr | Jl. Bypass Ngurah Rai 89x | Kuta | Facebook: boshevvipbalii*

SEMINYAK

(▢ H7) **Als Kuta noch ein Dorf und Denpasar weit weg war, bauten die Reichen und Schönen ihre schmucken Villen in die Reisfelder des Örtchens ★ Seminyak. Auch heute noch ist vieles auf diese internationale Klientel eingestellt.**

Inzwischen geht der Ort (8000 Ew.) im Norden nahtlos in Denpasars Vororte über, während die Ausgeh- und Shoppingmeile *Jalan Arjuna* die ungefähre Grenze zu Legian bildet. Auch an der *Jalan Kayu Aya* und der *Jalan Raya Seminyak* reihen sich Restaurants und Boutiquen aneinander.

Dennoch ist Seminyak völlig anders als Kuta und Legian – alles ist ein bisschen schicker, exklusiver und teurer. Die Hotels und Resorts sind exklusiver, die Klientel erlesener und abgeschotteter, auch die Beachclubs haben wenig mit den beschirmten Sitzkissenprovisorien in den südlichen Nachbarorten gemein. Immerhin: Strand und Wellen sind dieselben, und wenn du mal schick ausgehen willst, kannst du auch einfach von Kuta oder Sanur aus rüberfahren oder von Legian hierher spazieren.

ESSEN & TRINKEN

MERAH PUTIH

Hier dreht sich alles um die experimentelle und optisch gekonnt in Szene gesetzte indonesische Küche. Das edle, etwas eigenwillige Ambiente in dem hohen Raum mit Palmen mag nicht jedermanns Sache sein, aber spätestens beim zehngängigen Tasting-Menü läuft dir das Wasser im Mund zusammen – bevor dir beim Blick auf die Rechnung die Spucke wieder wegbleibt. *Tgl. | Jl. Petitenget 100x | Tel. 0361 8465950 | merahputihbali.com | €€€*

BIKU

Die antike Einrichtung und das Kuchenbuffet des Teehauses mit Buchladen versprechen gemütliche Nachmittage – hier wird sogar High Tea serviert. Und viele Gerichte werden mit Zutaten aus biologischem Anbau zubereitet. *Tgl. | Jl. Raya Petitenget 888 | Kerobokan | Tel. 0851 00570888 | bikubali.com | €€*

LA LUCCIOLA

Das luftige, zweistöckige Strandrestaurant, auch „La Luutsch" genannt, bietet Brunch und feine italienische Küche, besonders Pasta mit Seafood. Zu erreichen über den Parkplatz des nahen Tempels. *Tgl. | Jl. Kayu Aya | Petitenget | Tel. 0361 730838 | lalucciolabali.com | €€€*

SISTERFIELDS

Aufgeräumtes Design und Herzhaftes für den großen wie kleinen Hunger: Das klimatisierte Caférestaurant hat sich auf australische Brunch-Küche spezialisiert und kredenzt neben gutem Kaffee, frischen Säften und Gebäck vor allem reichhaltige Bowls, Eggs Benedict, dick belegte Sandwiches und Rührei mit Speck und Trüffeln. Zudem vollwertige warme Gerichte und Burger. *Tgl. | Jl. Kayu Cendana 7 | Tel. 0811 38 60 5 07 | sisterfields.com | €€–€€€*

WAROENG BERNADETTE

Hinter dem *waroeng* (Imbiss) verbirgt sich ein stilvoll gestaltetes Lokal mit aufmerksamem Service und gut bestückter Bar. Lecker ist die authentische indonesische Hausmannskost, vor allem das zwölf Stunden lang in Kokosmilch und Gewürzen gekochte Rendang, das wahlweise mit Jackfrucht statt Rindfleisch verfügbar ist, und der kräftige Eintopf Rawon. *Tgl. | Jl. Kayu Cendana 1 | Tel. 0817 66 18 99 99 | @waroengbernadette | €€–€€€*

MAMASAN

In dem von Meisterkoch Will Meyrick geführten Restaurant, dessen dezent ausgeleuchtetes Interieur vom Industrial Chic inspiriert ist, kommt raffinierte panasiatische Küche auf die Teller – ein mehrgängiges Essen wird so zu einer kulinarischen Rundreise über den Kontinent. Reservieren! *Tgl. | Jl. Raya Kerobokan 135 | Tel. 0818 06 12 67 00 | mamasanbali.com | €€€*

SHOPPEN

JEMME

Die farbenfrohen, teuren Klunker des britischen Schmuckdesigners Luke Stockley sind zum Teil von balinesischen Motiven inspiriert und echte Hingucker – weil eben: echt. Edle Fusionküche im angeschlossenen Restaurant. *Jl. Raya Petitenget 28 | jemmebali.com*

PERIPLUS

Du brauchst Strandlektüre oder was zum Schmökern für den Rückflug? Bei Periplus hast du eine große Auswahl an Krimis, internationalen Bestsellern, bali- und indonesienspezifischer Literatur sowie Bildbänden. *Jl. Raya Seminyak 17 | periplus.com*

NILUH DJELANTIK

Bei der balinesischen Schuhdesignerin haben sich schon Cameron Diaz und Gisele Bündchen mit neuen Tretern eingedeckt. Von lässig-dezent bis edel-elegant ist alles dabei, und auch Herren werden fündig. Zudem gibt's kleine Hand- und Kosmetiktaschen. *Jl. Raya Kerobokan 144 | niluhdjelantik.com*

In Seminyak kannst du ungestört in den Sonnenuntergang spazieren …

SPORT & SPASS

Wie in Kuta und Legian dreht sich in Seminyak fast alles um Strand und Surfen. Letzteres bringt dir und auch schon deinen Kids (ab 5 J.) die *Bali Green Surf School (Jl. Drupadi II 9 | Tel. 0878 81 76 03 13 | baligreensurf.net)* bei.

WELLNESS

Tiefenentspannt bist du nach einem Tag im exquisiten *Prana Spa (Jl. Kunti 118x | Tel. 0361 73 08 40 | pranaspa bali.com)* mit Ayurvedabehandlungen, balinesischem Kräuterscrub, Reflexologie oder im türkischen Dampfbad – das Dekor erinnert sogar ein wenig an 1001 Nacht. Auch ein oder zwei Yogasessions kannst du einlegen. Etwas günstiger ist der Wellnesstag im mediterranen Ambiente von *Bodyworks (Jl. Lb. Sari | Petitenget | Tel. 0361 73 33 17 | bodyworksbali.com)*.

AUSGEHEN & FEIERN

MIRROR

Wenn in diesem Tanztempel mit der Innenarchitektur einer futuristischen Kathedrale die Lichtmaschine bunte Laser durch das „Kirchenschiff" jagt, heizen die DJs am Altar der internationalen Jüngerschaft mit EDM, Afro House, Latin oder Top-40-Hits ein. Dresscode: leger! *Mi–So ab 22.30 Uhr | Jl. Petitenget 106 | @mirror_allin*

POTATO HEAD

Hinter dem Bollwerk aus zusammengezimmerten Fensterläden versteckt sich ein Beachclub in außergewöhnlichem Design mit riesiger Poolbar, gemütlichen Liegen und mehreren Restaurant-Outlets: Das *Kaum* hat sich auf indonesische Küche und traditionelle Zubereitungsarten spezialisiert, das *Ijen* auf Zero-Waste-Küche, und auf der Dachterrasse werden abends Cocktails serviert. Du solltest reservieren und den Mindestverzehr für die Benutzung einer Liege beachten. Sonntags zum Kinderprogramm lohnt es sich auch, mit dem Nachwuchs herzukommen. *Tgl. ab 9 Uhr | Jl. Petitenget 51b | Petitenget | Tel. 0361 6 20 79 79 | seminyak.potatohead.com | €€–€€€*

MOTEL MEXICOLA

Lust auf einen Abstecher nach Acapulco? Der von knalligen Farben und bunten Lampen kolorierte Laden treibt's mexikanisch. Die Cocktailkarte umfasst neben Kreationen mit Tequila oder Wodka auch Drinks mit Agavennektar und dem mexikanischen Kultlikör Mezcal. *Tgl. ab 11 Uhr | Jl. Kayu Jati 9X | motelmexicola.info*

KU DE TA

In der gediegenen Strandlounge des Oberoi-Hotels kannst du schon tagsüber Stunden damit zubringen, auf einer Liege zu chillen, exzellente Cocktails zu schlürfen, Häppchen oder ganze Gerichte zu ordern und zu cooler Musik auf den Sonnenuntergang zu warten. Weil das auch andere Touristen lieben, solltest du unbedingt reservieren. *Tgl. ab 8 Uhr | Jl. Kayu Aya 9 | kudeta.com*

RED CARPET

Die Champagnerbar mit dem roten Teppich und knallig uniformiertem

… und dir dann im Ku De Ta ein Plätzchen suchen

Personal liegt optisch im Spagat zwischen Schickimicki-Kitsch und Sportsbar, überrascht aber mit guter Livemusik, freundlicher Atmosphäre und (für Seminyak) angemessenen Preisen. Die Auswahl an Spirituosen ist recht groß, und an der Wall of Fame kann man sehen, welche Promis hier schon eingekehrt sind. In der Damentoilette versteckt sich eine Reizwäscheboutique. *Tgl. ab 12 Uhr | Jl. Kayu Aya 42A | redcarpetchampagnebar.com*

RUND UM SEMINYAK

1 CANGGU

2 km/5 Min. von Seminyak mit dem Auto

Der Bauboom hat längst auch die Surferenklave Canggu erfasst, die für ihre guten Wellen und erstklassigen Surfcamps bekannt ist. Doch noch immer breitet sich neben manchem Resort oder Gästehaus ein sattgrünes Reisfeld aus, und der Strand ist meistens so leer, dass du buchstäblich hoch zu Ross am Spülsaum entlangreiten kannst, ohne irgendwen zu stören: Im Norden von Canggu werden geführte Reitausflüge am Pantai Pererenan und durch die Reisfelder angeboten *(Royal Sporthorse Bali | Tel. 0877 61 47 22 20 | horseridinginbali.com).* H6

INSIDER-TIPP
Ein Pferd im Reisfeld …

2 PURA TANAH LOT

15 km/40 Min. von Seminyak mit dem Auto

Wenn die Sonne hinter dem malerischen Meerestempel Tanah Lot untergeht, klicken Hunderte von Kameras: Kaum ein anderes Motiv auf Bali ist so beliebt. Dementsprechend groß ist

Die Schreine des Taman Ayun zeichnen sich durch imposante Dachkonstruktionen aus

auch die Zahl der Händler und Guides, sodass der Weg vom Parkplatz zum Felsen, auf dem der Tempel liegt, ein wenig zum Spießrutenlauf werden kann – ganz zu schweigen von den Touristenmassen, die hier in Reisebussen abgeladen werden. Komm lieber am frühen Morgen (vor Ort gibt es übrigens auch Unterkünfte), dann kannst du die tolle Szenerie tatsächlich genießen. In einer Höhle unter dem Felsen bewachen Seeschlangen, die als heilig verehrt werden, den Tempel. *Tgl. 7–19 Uhr | Eintritt 60 000 Rp. | 1 Std. | H6*

3 TABANAN

23 km/50 Min. von Seminyak mit dem Auto

Die Kleinstadt nordwestlich von Seminyak kannst du auch auf der Fahrt zum Gunung Batukaru (s. S. 71) besuchen, es lohnt sich. Zum einen vermittelt dir Tabanan einen Eindruck davon, wie balinesische Kleinstädte ohne Touri-Rummel aussehen – inzwischen fast schon eine Rarität. Zum anderen solltest du mal im – zugegeben, etwas angestaubt wirkenden, aber interessanten – *Subak-Museum (Sa–Do 8–16.30, Fr bis 12.30 Uhr | Eintritt 15 000 Rp. | Jl. Gatot Subroto 5b | 1 Std.)* vorbeischauen, das die Kultivierung und Bewässerung der Reisfelder erklärt.

6 km nördlich von Tabanan liegt der *Butterfly Park (tgl. 8–17 Uhr | Erwachsene 100 000 Rp., Kinder 50 000 Rp.)*, in dem Hunderte exotische Schmetterlingsarten flattern. H5

4 MENGWI

18 km/45 Min. von Seminyak mit dem Auto

Mengwi möchte man fast links liegen lassen, wäre da nicht die zweitgrößte Tempelanlage Balis auf einer Flussinsel. In einem weitläufigen Garten, der von einem Wassergraben voller Lotosblumen umgeben ist, ließ 1634 der König von Mengwi den *Pura Taman Ayun* als Familienheiligtum errichten. Dieses hat auch einen profanen Zweck, denn der Wassertempel ist ein Kernstück des ausgeklügelten *Subak*-Systems, nach dessen demokratischen Prinzipien die Bewässerung der Reisfelder in Bali geregelt wird.

INSIDER-TIPP **Kampfgeflügel**

Unter dem Grasdach der hölzernen Halle am Eingang findest du Figuren von Männern und Hähnen – willkommen im *wantilan,* der Arena für Hahnenkämpfe! *Tgl. 8–18 Uhr | Eintritt 30 000 Rp. | 30 Min. | J5*

DENPASAR

(J6–7) **Wuseliges Treiben und dichter Verkehr prägen Balis Hauptstadt, deren rund 1 Mio. Einwohner aus allen Teilen des Lands stammen: Das quirlige Leben hier spiegelt die Realität vieler Indonesier wider.**

Willkommen in einer typischen indonesischen Großstadt! Die meisten Touristen haben zwar Denpasar als Ziel auf ihrem Flugticket stehen, sehen davon allerdings gar nichts oder nur die Randgebiete im Übergang zu Seminyak im Südwesten und Sanur im Südosten. Wenn du aber an authentischen Eindrücken von Land und

WOHIN ZUERST?

Die großen Verkehrsadern aus allen Himmelsrichtungen treffen sich am Kreisverkehr um die vierköpfige **Catur-Muka-Statue.** Direkt südöstlich liegt der **Puputan-Platz,** von dem du die wichtigsten Sehenswürdigkeiten zu Fuß erreichst.

Leuten interessiert bist, kannst du Denpasar ruhig einen Tagesbesuch abstatten oder machst einen Stopp auf dem Weg von oder nach Ubud.

Der Palast der früher als Badung bekannten Königsstadt wurde bei der Eroberung durch die Niederländer 1906 weitgehend zerstört, aber Denpasar besitzt noch andere historische Bauten und Parks, ein volkskundliches Museum und ein Kulturzentrum. Ein Gang über den großen Markt sowie die eine oder andere Kostprobe vom indonesischen Streetfood runden das Großstadterlebnis ab.

INSIDER-TIPP **Spritztour**

Durch Denpasar kurven noch alte öffentliche Kleinbusse. Einfach das Ziel nennen und eine Runde im *bemo* drehen – enge Sitze und neugierige Fragen inklusive.

SIGHTSEEING

PUPUTAN-PLATZ

Ein Denkmal auf dem grünen Platz im Zentrum erinnert an den rituellen Selbstmord *(puputan)* der Fürsten von Badung und Tabanan, die sich 1906 den Niederländern mit ihrem gesamten Hofstaat unbewaffnet entgegen-

Nicht nur für (Hobby-)Köche ein Erlebnis ist ein Bummel über den Pasar Badung

stellten, um der Kolonisierung zu entgehen. Wer nicht durch die Gewehrsalven starb, tötete sich nach dem Gemetzel selbst. Heute ist der Platz abends ein beliebter Treffpunkt.

BALI MUSEUM ☂

An der Ostseite des Puputan-Platzes kannst du im staatlichen Provinzmuseum prähistorische Artefakte, Tanzkostüme, antike Waffen, religiöse Objekte und Gamelaninstrumente sehen. Das Museum selbst besteht aus vier Gebäuden, die die balinesische Palast- und Tempelarchitektur aus verschiedenen Epochen präsentieren, wie etwa aus der Zeit der Gelgel- oder der Karangasem-Dynastien. Da es nicht viele Erläuterungen der Ausstellungsobjekte gibt, kannst du einen Guide am Eingang mitnehmen, solltest aber dessen zumeist überteuerte Preisforderung herunterhandeln. *Tgl. 7.30–15.30 Uhr | Eintritt 50 000 Rp. | Jl. Mayor Wisnu | 1 Std.*

PURA JAGATNATHA

Gleich nördlich vom Museum steht Balis „Staatstempel" zu Ehren der obersten Gottheit Sanghyang Widhi. Diese vereint Shiva, Brahma und Wishnu in sich – ein Zugeständnis an die indonesische Staatsphilosophie Pancasila, die den Monotheismus voraussetzt. Der Hauptschrein besteht aus (ursprünglich weißen) Korallen, hat aber mit den Jahren deutlich Patina angesetzt. In Vollmondnächten gibt es hier *Wayang-kulit*-Aufführungen mit Gamelanmusik. Dann philosophieren,

INSIDER-TIPP
Musik und Schatten

trinken und flirten die Balinesen vor dem Tempel. *Eintritt frei, Zutritt nur mit Sarong (Leihgebühr 10 000 Rp.) | 30 Min.*

ESSEN & TRINKEN

BHINEKA DJAJA

Der Coffeeshop von Balis bekanntester Rösterei war in der Kolonialzeit mal ein Warenlager. Heute treffen sich hier Kaffeefans und schlürfen ihr „schwarzes Gold" in diversen Röst- und Anbauvariationen oder füllen ihre eigenen Kaffeevorräte auf. *Mo–Sa 9–15 Uhr | Jl. Gajah Mada 80 | kopibali.com*

PASAR KERENENG (PASAR ASOKA)

Bring Neugier und Appetit mit, denn auf dem quirligen Nachtmarkt bieten Straßenstände Gerichte aus ganz Indonesien an. Wie wär's mit *soto ayam, babi guling, sate kambing* (gegrillten Lammspießen) nach Madura-Art oder javanischem *pecel* (traditionellem Salat mit Erdnusssauce und Reis)? *Tgl. 19–23 Uhr | Jl. Kamboja | €*

DENPASAR FOODIE TOUR

Was gibt es Schöneres, als mit Einheimischen die lokale Küche eines Lands zu entdecken? Auf diesem Konzept basieren die geführten Stadtrundgänge mit kulinarischem Schwerpunkt.

INSIDER-TIPP
Street Food Experience

Locals spazieren mit dir drei Stunden durch die City und zeigen dir die besten Garküchen und Straßengerichte – probieren inklusive. *26–36 Euro pro Pers. (bei 2–4 Pers.) | withlocals.com*

SHOPPEN

PASAR BADUNG

Rund 500 m westlich vom Puputan-Platz solltest du dich dem Gewimmel und Getöse im Pasar Badung aussetzen. Der größte Markt Balis wurde nach einem Brand besser und größer wiederaufgebaut und erstreckt sich heute über vier Stockwerke mit rund 350 Ständen. Halb Bali deckt sich hier mit Lebensmitteln, bunten Stoffen und Devotionalien ein. Vor allem morgens ist der Markt the *place to be* und eine gute Adresse für Schnappschüsse. *Tgl. 24 Std. | Jl. Sulawesi*

PASAR KUMBASARI

Kleine Brücken führen über den Fluss zu diesem wuseligen Markt, auf dem Kunsthandwerk, Leder, Textilien und Souvenirs den Besitzer wechseln.

INSIDER-TIPP
Netter Preiskampf

Hier kannst du die Preise für Souvenirs herunterhandeln. Freundlich bleiben, Wunschpreis nennen und Desinteresse vortäuschen. Merke: Auch beim Feilschen gilt die Etikette! *Tgl. 8–17 Uhr | Jl. Pasar Kumbasari*

FESTE

Beim *Bali Arts Festival* im Juni/Juli zeigen die besten Künstler und Tänzer Balis einen Monat lang ihr Können. Viele sind Studenten am renommierten ISI – Institu Seni Indonesia, der staatlichen Kunstakademie. Die meisten Shows kannst du abends im Kulturzentrum *Taman Wedhi Budaya (Jl. Nusa Indah)* besuchen.

SANUR

(□ J-K 6-7) **Wenn dir der Rummel in Kuta und Legian zu viel wird und die Schickimicki-Läden von Seminyak nicht so dein Ding sind, dann findest du in Sanur (40 000 Ew.) den ruhigen, unprätentiösen Gegenpol.** Ein prima Ziel auch für Familien: Auf der Ostseite des touristischen Ballungsraums ist das Meer so ruhig und flach, dass auch Kinder darin planschen können; richtiges Schwimmen ist dagegen nur bei Flut möglich. Das hat auch sein Gutes: Wo kaum Wellen, da keine Surfer – und kein Partytourismus. Folglich sind wummernde Boxen an Hotelpools mit integrierter Bar und eimerweise Bintang-Bier nichts, was dir in Sanur die Stimmung verderben könnte. Der Ort ist längst nicht so dicht bebaut wie Kuta, Legian und Seminyak, das Publikum eine gesunde Mischung aus älteren Dauergästen, Familien und Ruhesuchenden.

An der Jl. Danau Tamblingan liegen viele schöne Läden und gute Restaurants. Parallel dazu zieht sich ein gepflasterter und von Bäumen beschatteter Weg den ganzen Strand entlang, der von Restaurants mit Strandliegen und Cafés gesäumt ist. Abends sorgen einige Lokale mit Livemusik für eine Abwechslung von der kompletten Entspanntheit.

Im Norden verschandelt das 1965 errichtete Hochhaus des Inna Grand Bali Beach Hotel das Stadtbild. Weil das auch die Politik so sieht, erließ die Regierung die Maßgabe: Kein Gebäude auf Bali darf höher sein als die höchste Palme – was oft genug Raum lässt für Interpretation.

SIGHTSEEING

MUSEUM LE MAYEUR

Wenn es regnen sollte oder du auf der Strandpromenade ohnehin daran vorbeiläufst, kannst du in dem kleinen, ziemlich altbacken wirkenden Museum mit dem belgischen Maler Adrien-Jean Le Mayeur Bekanntschaft schließen. „Indonesiens Gauguin" lebte von 1932 bis kurz vor seinem Tod 1958 in genau diesem Gebäude, das heute sein Werk mit vielen Porträts seiner Frau Ni Pollock, einer balinesischen Tänzerin, ausstellt. Leider sind einige Werke verblasst oder nur als Reproduktion zu sehen. *Sa–Do 8.30–15.30, Fr bis 12 Uhr | Eintritt 50 000 Rp. | am Strandweg nahe Jl. Hang Tuah | 30 Min.*

ESSEN & TRINKEN

CURRY IN BALI

Einer der besten Inder auf Bali: Hier bekommst du die namensgebenden Currys, jede Menge vegetarische Köstlichkeiten vom Subkontinent, aber auch Biryani mit Fleisch oder Seafood, Spezialitäten mit Laam sowie Naan-Brote und Roti aus dem Tandoori-Ofen. *Tgl. | Jl. Danau Tamblingan 51 | Tel. 0812 37 56 78 00 | curryinbali.org | €€*

BATUJIMBAR CAFE

Das geschmackvoll dekorierte Caférestaurant mit gut bestückter Bar serviert frische Säfte, herzhaftes Frühstück, selbst gemachte Kuchen sowie indonesische und vegetarische Gerichte (z.B. Avocado-Spargel-Salat). Sonntags kannst du dich auf dem Biomarkt mit Grünzeug eindecken. *Tgl. | Jl. Danau Tamblingan 75a | Tel. 0812 46 59 64 99 | cafebatujimbar.com | €€*

PESCADO

Zur kulinarischen Vielfalt in Balis Süden steuert das spanische Lokal authentische Paella in sechs Variationen bei, ideal für kleine Gruppen. In die Pfanne kommt überwiegend Seafood, aber auch Rindfleisch und eine vegetarische Option sind im Angebot. Wer dann noch nicht satt ist, probiert auch die Knoblauch-Garnelen oder den baskischen Käsekuchen. Morgens gibt's gute Frühstücksgerichte. *Tgl. | Jl. Duyung 3 | Tel. 0812 39 46 78 61 | €€–€€€*

SHOPPEN

PASAR SINDU

Die große Markthalle am nördlichen Ende der Jalan Danau Tamblingan solltest du morgens aufsuchen, um etwas Atmosphäre zu schnuppern und zu schauen, was an Fleisch, Gewürzen, Gemüse, Obst und Blumen auf einem balinesischen Markt gehandelt wird. Die Läden am äußeren Rand verkaufen auch Flechtwaren sowie ein paar Souvenirs. An den € Essensständen vor der Halle kannst du preiswerte indonesische Snacks und Gerichte probieren. *Jl. Pasar Sindu 5*

NOGO BALI IKAT CENTER

Auf der Suche nach traditionellen Stoffen abseits von Kitsch und Massenware? Hier bist du richtig: Der alt-

Sanur mit seinem Palmenstrand bietet beste Voraussetzungen für einen Badeurlaub

Im Bali Bird Park hast du schnell 'nen Vogel – oder auch zwei …

eingesessene Laden führt Kleider, Dekor und Accessoires aus handgewebten Baumwollstoffen, die auch nach Kundenwünschen angefertigt werden, sowie traditionelle *Ikat*-Stoffe und -Hemden aus Ostindonesien von guter Qualität *Jl. Danau Tamblingan 104*

GLE CONCEPT

Die Boutique mitten in Sanur verkauft hübsche Wohnaccessoires und hochwertigen, teils etwas extravaganten Schmuck der indonesischen Designschmiede Alenka & Margo sowie ausgewählte Kleidungsstücke. Wenn du gern abseits des Mainstreams stöberst, wirst du hier bestimmt fündig. *Jl. Danau Tamblingan 51 | schräg gegenüber dem Indomaret | @gleitems*

THE CELLARDOOR

Hast du den Wein aus Bali schon probiert? Im schicken Laden der balinesischen Hatten Wines hast du Gelegenheit zu einer Weinprobe und kannst neben den Tropfen des Weinguts auch gleich Spirituosen aus der Destillerie Dewi Sri erstehen. *Jl. Bypass Ngurah Rai 393 | hattenwines.com*

SPORT & SPASS

Gute Tauchkurse – auch für Kids – gibt es bei *Crystal Divers (Jl. Danau Tamblingan 168 | Tel. 0361 28 67 37 | crystal-divers.com).* Im strandnahen Bambusstudio der *Power of Now Oasis (Jl. Retro Beach | Mercure Resort | Tel. 0878 61 53 45 35 | powerofnowoasis.com)* kannst du an Yogaklassen und Meditationen teilnehmen.

STRÄNDE

Im Gegensatz zum Pantai Kuta ist der *Pantai Sanur* weniger wind- und strömungsanfällig und deutlich ruhiger. Hier können auch Kinder bedenkenlos baden und müssen sich nicht vor Surfern in Acht nehmen, während Erwachsene im Schatten unter Bäumen in Ruhe relaxen können.

WELLNESS

LEHA LEHA SPA

Das von außen unscheinbare, innen dezent mit balinesischen Elementen dekorierte Spa bietet erstklassige Massagen zu vertretbaren Preisen. Wer ein *Day Dream Package* inklusive Massage, Body Scrub und Gesichtsmaske bucht, kann hier den halben Tag zubringen. Beim *Farewell Bali Package* wird man anschließend sogar zum Flughafen gefahren. *Jl. Sudamala 5 | Tel. 0811 3 99 55 10 | balilehaleha.com*

FESTE

Zum *Bali Kite Festival* im Juni/Juli lassen Hunderte Teilnehmer am Strand von Sanur ihre Flugdrachen steigen – vom kleinen Fitzelfähnchen bis zu riesigen Konstrukten, an denen monatelang gebaut wird. Beim *Sanur Village Festival* im August finden am Strand sowie auf öffentlichen Plätzen traditionelle Aufführungen, Musik-Acts und Wassersportwettbewerbe statt.

AUSGEHEN & FEIERN

ARENA PUB & RESTAURANT

Die deutsch-österreichische Restaurantbar mit Live-Sportübertragungen, Billard und der Quiznacht am Mittwoch ist bei den auf Bali lebenden Ausländern beliebt. Am Wochenende gibt's Livemusik, und für die Barhocker an der Theke gilt „fat boy parking only". *Tgl. ab 12 Uhr | Jl. Bypass Ngurah Rai 115 | arenabali.com*

CASABLANCA

In der beliebten Bar mit großer Cocktailauswahl und bunter Deko spielen jeden Abend ab 21 Uhr einheimische Bands verschiedenste Musikrichtungen mit vielen Coversongs. Zu späterer Stunde wird oft getanzt. *Tgl. ab 17 Uhr | Jl. Danau Tamblingan 120 | casablancasanur.com*

RUND UM SANUR

5 BALI BIRD PARK

10 km / 15 Min. von Sanur mit dem Auto

In den Volieren und Freiflugarealen des Vogelparks nordöstlich von Seminyak flattern Vertreter 250 verschiedener Vogelarten umher. Einigen zahmen Papageien kannst du buchstäblich auf den Schnabel rücken, und eine bessere Möglichkeit, die exotischen Paradiesvögel aus Neuguinea zu fotografieren, findest du nirgends. Über den Tag verteilt finden Fütterungsshows statt, bei denen du Wissenswertes zu Loris, Pelikanen und Raubvögeln erfährst. Zur Anlage gehört außerdem ein Areal mit Schlangen, Echsen und Komodowaranen. *Tgl. 9–17.30 Uhr | Erwachsene 385 000 Rp., Kinder 192 500 Rp. | Jl. Serma Cok Ngurah Gambir Singapadu | Batubulan | bali-bird-park.com | 1 Std. | J6*

6 BALI SAFARI PARK

17 km/ 25 Min. von Sanur mit dem Auto

Im populären Safaripark nordöstlich von Sanur sind mehr als 50 zum Teil bedrohte Tierarten zu Hause, darunter Löwen, Komodowarane und Sumatra-Elefanten. Die Besucher fahren – wahlweise sogar bei Nacht – mit einem Truck durch den offenen Zoo, der internationalen Standards entspricht. Auch bei der Fütterung von Weißen Tigern, Piranhas oder Krokodilen kannst du zusehen. Auf das angebotene Elefantenreiten solltest du aber verzichten. *Tgl. 9–17.30 und 18–21 Uhr | Erwachsene ab 650 000 Rp., Kinder ab 520 000 Rp. (online mit zeitlichem Vorlauf) | Jl. Bypass Dr. Ida Bagus Mantra, km 19,8 | Gianyar | balisafarimarinepark.com | 2 Std. | K6*

7 PULAU SERANGAN

5 km / 10 Min. von Sanur mit dem Auto

Ihren Namen verdankt die 73 ha große Insel, die du über eine Brücke erreichst, den Meeresschildkröten, die früher hier zahlreich ihre Eier ablegten. Heute musst du schon Glück haben, um außerhalb des spendenfinanzierten *Turtle Conservation and Education Center (tgl. 8–17 Uhr | Spende erbeten | 30 Min.)* eines der bedrohten Tiere zu entdecken. Denn sie werden trotz Verbots immer noch gefangen oder ihre Eier werden eingesammelt und als Delikatesse verkauft. Zudem verenden manche Tiere nach Unfällen mit Boots- und Schiffsschrauben.

INSIDER-TIPP
Ab ins Meer!

Für umgerechnet rund 10 Euro kannst du eine Babyschildkröte in die Freiheit entlassen. So unterstützt du die Einrichtung und nimmst eine schöne Erinnerung mit. Unumstritten sind diese „Kinderstuben" jedoch nicht, denn in den Becken können sich Krankheiten ausbreiten, und ob in Gefangenschaft geschlüpfte Tiere zur Eiablage an den Strand zurückfinden, ist unklar. *J7*

BUKIT-HALBINSEL

(H-J 7-8) **Die südliche Halbinsel Bukit Badung – oft nur „Bukit" (Hügel) genannt – vereint krasse Gegensätze: Den staubtrockenen Sand- und Graslandschaften und den wind- und wellengepeitschten Steilklippen und Surfbuchten im Westen stehen üppig begrünte Golfplätze und Hotelgärten, feine Sandstrände und eine Badewannendünung im Osten gegenüber.**

Einst wegen ihrer Trockenheit kaum bewohnt, sind die bis zu 200 m hohen Kalkfelsen im Südwesten heute eine Art „Millionärszeile": Hoch auf den Klippen thronen exklusive Luxusresorts mit Namen wie The Edge, The Sanctus oder Bvlgari Resort hinter hohen Mauern, ganz zu schweigen von den vielen verstreuten Privatvillen.

Weniger abgehoben geht es an den Surfbuchten im Westen zu, wo du auch als Normalsterblicher ohne wellenreiterische Ambitionen wohnen und bei einem kühlen Getränk den Profis dabei zusehen kannst, wie sie mit einer Mischung aus Können, Timing und günstigen Umständen am perfekten Ritt auf der Welle experimentieren.

Bereits in den 1970er-Jahren konzipierte die Regierung am Oststrand den Ort *Nusa Dua,* wo Reich und Schön unter sich sein darf. Drei streng bewachte Tore führen in die von Rasenflächen und menschenleeren Zufahrtsstraßen geprägte Fünf-Sterne-Enklave, die fast alles bietet – außer echtem balinesischem Leben. Das lässt sich besser in *Jimbaran* an der Westküste beobachten, wo 🏴 morgens und abends die bunten Fischerboote ihren Fang einbringen. Auch *Tanjung Benoa* auf der Landzunge nördlich von Nusa Dua hat sich Dorfatmosphäre bewahrt. Vielleicht fallen dir hier die für Bali ungewöhnlich verschleierten Frauen und Mädchen auf: Es sind muslimische Bugis, die einst als seefahrendes Volk von Sulawesi aus den ganzen Archipel bereist und im Lauf der Jahrhunderte zahlreiche Küstendörfer auf anderen Inseln gegründet haben. Ihre bescheidene Lebensweise kontrastiert mit der Spaßmentalität der Tagesgäste, die mit Jetskis, Parasailing und Bananenbooten den Oststrand auf- und abdüsen.

SIGHTSEEING

PURA LUHUR ULUWATU ★

Die sich täglich aus Kuta in den Westen der Halbinsel schlängelnde Blechlawine hat fast immer dasselbe Ziel: den *Kecak*-Tanz am Uluwatu-Tempel. Dabei ist der im 11. Jh. zu Ehren der Meeresgöttin Dewi Danu gebaute Tempel an sich gar nicht so toll. Gut, er thront rund 80 m über der Brandung und gehört zu den sechs heiligsten Tempeln Balis. Aber der wahre Star des Abends ist der atemberaubende Blick aufs tosende Meer und die kleinen Fischerboote in der Tiefe, denn vor dieser Kulisse findet zum Sonnenuntergang der berauschende 🏴 *Kecak*-Tanz im offenen Amphitheater südlich vom Tempel statt. Dabei wird eine mit Kla-

Wenn am Pura Luhur Uluwatu *kecak* getanzt wird, strömen die Touristen zusammen

mauk und Action gewürzte Kurzfassung des indischen Ramayana getanzt, während der sitzende Männerchor ein rhythmisches „Chak! Chak!" intoniert. Sei zeitig da, denn die Sitzplätze sind begrenzt.

INSIDER-TIPP
Auf glühenden Kohlen

Gute Fotos von dem Touristenspektakel schießt du von den unteren Rängen nach Sonnenuntergang, denn am Ende läuft die Figur des Hanuman über lodernde Glut, dass die Funken fliegen! *Tgl. 9–19, Kecak 18 Uhr | Eintritt 50 000 Rp., Kecak-Tanz 150 000 Rp. | 1½ Std.*

GARUDA WISNU KENCANA CULTURAL PARK ★

Eine Statue der Superlative steht unübersehbar im Zentrum der Halbinsel. Inmitten der trockenen Landschaft erhebt sich hier der 75 m hohe Hindugott Vishnu mit seinem mythischen Reittier Garuda, das auch im Wappen von Indonesien abgebildet ist. Zusammen mit dem begehbaren Podest misst das ganze Ungetüm stattliche 121 m. Weitere Skulpturen sind im umliegenden Park verstreut, der sich teils zwischen separierten und üppig begrünten Kalksteinfelswänden erstreckt, dazwischen gibt es immer wieder Stellen, an denen noch gebaut wird. Eine ungewöhnliche Kulisse, aber passend für die monströse Figurenparade des Ogoh-Ogoh-Festivals, das im März/April stattfindet. Über den Tag verteilt werden ab 10 Uhr balinesische Tänze aufgeführt. *Tgl. 8–21 Uhr | Eintritt 125 000 Rp | Jl. Raya Uluwatu | Ungasan | gwkbali.com | 1 Std.*

MUSEUM PASIFIKA ☂

Im Hotelkomplex von Nusa Dua schlenderst du durch das Museum in moderner balinesischer Bauweise und bestaunst nicht nur Kunst aus Indonesien, sondern auch aus Europa, Indochina, Ostasien und der pazifischen Inselwelt. *Tgl. 10–18 Uhr | Eintritt 100 000 Rp. | Block P | Nusa Dua | 1 Std.*

ESSEN & TRINKEN

BALIQUE RESTAURANT

Der aufmerksame Service versorgt dich mit Leckerem aus Indonesien und Europa, du studierst in den Essenspausen die an ein Landhaus erinnernde Architektur im gepflegten Vintagestil. *Tgl. | Jl. Uluwatu 39 | Jimbaran | Tel. 0361 70 49 45 | balique-restaurant.com | €€–€€€*

TARABELLE

Zum Frühstück, Brunch oder als Snack-Stopp auf deiner Erkundungstour am Nachmittag: Hier bekommst du Bowls, Pfannkuchen sowie Salate oder Eggs Benedict auf Sauerteigbrot, dazu frische Säfte und guten Kaffee. Probier unbedingt auch die erstklassigen Donuts! *Tgl. | Jl. Raya Uluwatu 77 | Ungasan | Tel. 0819 2 02 20 18 | €€*

SINGLE FIN

Zu den viel fotografierten Locations gehört dieser Surferclub mit betont lässiger Shabby-Chic-Atmosphäre und tollem Blick von den Klippen am Pantai Suluban. Auf die Teller kommen Pizza, Tacos, Poke-Bowls, auf die Plattenteller angesagte Musik von internationalen

Die Brandung vor der Bukit-Halbinsel ist für viele Surfer eine echte Herausforderung

DJs. *Tgl. | Jl. Mamo | Uluwatu | Tel. 0361 76 99 71 | singlefinbali.com | €€*

BUMBU BALI

Der vielfach ausgezeichnete Meisterkoch Heinz von Holzen und sein Team kochen authentische balinesische Gerichte, die du in traditionellem Setting mit Separees, halb offenen Pavillons und Gamelan-Untermalung genießt. Auf den Geschmack gekommen? Dann buch einen Kochkurs! *Tgl. | Jl. Pratama | Tanjung Benoa | Tel. 0361 77 45 02 | artcafebumbubali.com | €€*

SPORT & SPASS

Die Hauptattraktion im Südwesten der Halbinsel sind die spektakulären Wellen, die Surfer aus aller Welt anziehen. Kurse gibt es im *Padang Padang Surf Camp (Tel. 0821 46 42 47 34 | balisurfingcamp.com)*. Anbieter in Tanjung Benoa ermöglichen dir alle Arten von Wassersport. Als Golfer darfst du dich auf eine Partie auf einem der besten Plätze Asiens im *Bali National Golf Club (balinational.com)* in Nusa Dua freuen – vorausgesetzt, du kreuzt in Golfschuhen, langen Hosen und Polohemd auf.

STRÄNDE

Der sehr schöne *Dreamland Beach* ist meist sehr voll, Gleiches gilt für den *Pandawa Beach*. Etwas schwieriger zu erreichen sind die bei Surfern beliebten Buchten *Bingin, Balangan* und *Padang-Padang,* in denen auch Schwimmen und Schnorcheln möglich sind. Die Brandung von *Impossibles, Nyang-Nyang, Suluban* und *Uluwatu* solltest du als Nichtsurfer und Anfänger lieber den Profis überlassen.

ZENTRAL- & NORDBALI

REISTERRASSEN, VULKANE UND KORALLENRIFFE

Schon allein, um den Kontrast auf dich wirken zu lassen, solltest du die Strände des Südens für ein paar Tage gegen die herrliche Tropenkulisse in Zentralbali tauschen. Auch kulturell wird dir nirgends so viel für Auge und Ohren geboten wie hier. Auf kleinen Landstraßen juckelst du von Ubud aus mit dem Roller oder einem Mietwagen durch die Dörfer, entdeckst uralte Heiligtümer und heilige Quellen und hast vielleicht auch Gelegenheit, die eine oder andere Zeremonie mitzuerleben.

Auf dem Reisfeld arbeitende Bäuerinnen wirst du in Zentralbali häufig sehen

Zahllose Bäche sowie die Nähe zu den großen Seen sorgen für eine Landschaft in sattem Grün. Karg und trocken wird es jenseits der Berge, wo du in Pemuteran und Lovina weit weg vom hektischen Trubel im Süden bist. Ideal, um nach den ersten aufregenden Urlaubstagen und den vielen Eindrücken zu sich zu kommen und dann buchstäblich abzutauchen – in die schwerelose Welt unter der Wasseroberfläche. Die strömungsarmen Gewässer sind für erste Schnorcheleinheiten wie gemacht.

ZENTRAL- & NORDBALI

MARCO POLO HIGHLIGHTS

★ **DANAU BUYAN & DANAU TAMBLINGAN**
Reisfelder und Wasserfälle an zwei idyllischen Seen ➤ S. 77

★ **GUNUNG BATUR**
Kontrastprogramm gefällig? Es gäbe da eine bizarre Felswüste zu Füßen eines Vulkans ➤ S. 74

★ UBUD
Zwischen Kunstgalerien, Affenwald und Yogakurs entdeckst du das spirituelle Bali ➤ S. 66

★ PULAU MENJANGAN
Im Tauchparadies eröffnen sich dir neue (Unterwasser-)Welten ➤ S. 79

★ GUNUNG BATUKARU
Üppige Reisterrassen mit atemberaubendem Panorama und ein mystischer Tempel im Wald ➤ S. 71

Im Monkey Forest spazierst du durchs „Wohnzimmer" einer ganzen Affenbande

UBUD

(🗺 J–K5) **Das ★ kulturelle und spirituelle Zentrum Balis (75 000 Ew.) liegt eingebettet zwischen saftigen Reisterrassen, kleinen Schluchten und friedlichen Dörfern. Dieser Reiz blieb dem Massentourismus nicht verborgen, doch auch wenn die Infrastruktur manchmal kurz vor dem Infarkt steht, solltest du hier ein paar Nächte verbringen und die Umgebung erkunden.**

Spirituell bedeutsam war Ubud schon, als im 8. Jh. ein hinduistischer Mönch das beschauliche Campuhan (heute ein Ortsteil) für heilig erklärte und eine Pilgerstätte begründete. Kulturell machte es sich ab dem 18. Jh. einen Namen, als sich ein Zweig der Sukawati-Dynastie hier niederließ und die höfischen Künste förderte. Und es war ein Sukawati-Prinz, der in den 1930er-Jahren mit dem Deutschen Walter Spies und dem Niederländer Rudolf Bonnet die Pita-Maha-Schule für Malerei ins Leben rief. Dies öffnete die Türen für weitere westliche Künstler und Intellektuelle und verhalf der lokalen Kunstszene bis heute zu außergewöhnlicher Bedeutung.

In neuerer Zeit hat kaum etwas den Tourismus in Ubud so gehypt wie Elizabeth Gilberts Buch „Eat, Pray, Love" und der gleichnamige Film. Unzählige machten sich daraufhin auf in das vermeintlich idyllische Örtchen, um den alten Heiler Ketut zu besuchen, der Julia Roberts im Film aus der Hand liest und ihr seine simple Lebensphilosophie mit einem fast zahnlosen Lächeln einimpft, nur um dann in einer von Touristen bevölkerten Kleinstadt auf Ketuts endloser Warteliste zu landen, weil schon Tausende dieselbe Idee hatten.

Zahllose Geschäfte säumen die Hauptstraßen, durch die asiatische Tagesbesucher mit Einkaufstüten eilen. Auch das Angebot für die westliche Klientel hat sich merklich ins Luxussegment aufgefächert. Spötter meinen, Ubud sei verkommen zum kommerzialisierten Mekka für betuchte Sinnsuchende, die Kombucha-Klientel, alte New-Age-Anhänger und alle, die irgendwie mit Yoga und Ernährungstrends zu tun haben. Tatsächlich läuft Ubuds professioneller Wohlfühlbetrieb gut geölt wie eine balinesische Massage. Allerdings gibt es noch immer charmante Ecken, familiäre Gästehäuser am Reisfeld und das typische, schlecht in Worte zu fassende Ubud-Flair.

Ketut hat sich übrigens 2016 mit (angeblich) 100 Jahren in den Zyklus der Wiedergeburten zurückgezogen – seine Hinterbliebenen führen heute ein Hotel mit Spa.

WOHIN ZUERST?

Die **Kreuzung vor dem Ubud Palace** ist der Mittelpunkt, hier liegen auch der Markt und die Touristeninformation. In den Süden führt die Jl. Monkey Forest zum Affenwald. Wenn du der Jl. Ubud Raya in westlicher Richtung folgst, kommst du nach 200 m zum Puri Lukisan, nach etwa 1 km zum Blanco-Museum und nach weiteren 1,5 km zum Neka-Museum.

SIGHTSEEING

PURI SAREN (UBUD PALACE)

An der zentralen Kreuzung steht der Palast von Ubud, in dem heute noch die Nachfahren des letzten Königs wohnen. Um den gepflegten Innenhof findest du schöne Bauten aus dem 19. Jh., aber viel toller sind die abendlichen Tanzaufführungen, für die du dir am besten vorher ein Ticket besorgst und zeitig einen Platz sicherst.

INSIDER-TIPP
Denn wer zu spät kommt ...

Tgl. 8–18, Performance tgl. 19.30 Uhr | Eintritt frei, Tanz 100 000 Rp. | 1½ Std.

MONKEY FOREST

Sicher hast du schon Bilder vom heiligen Affenwald gesehen, der mit seinem dahinplätschernden Bach, den ausladenden Banyanbäumen und kleinen Tempeln eine magische Atmosphäre entfaltet. Eigentlich ein herrlicher Ort für ein Picknick, wären da nicht Hunderte frecher Makaken, die hier absolute Narrenfreiheit genießen. Einige stibitzen sogar Sonnenbrillen oder Hüte und rücken sie erst im Austausch gegen Futter raus – also trag deinen Kleinkram gut verpackt und nah am Körper! Am besten spazierst du vom Eingang weg in den Wald hinein, wo weniger Trubel herrscht. *Tgl. 9–18 Uhr | Eintritt Mo–Fr 80 000 Rp., Sa/So 100 000 Rp. | monkeyforestubud.com*

AGUNG RAI MUSEUM OF ART (ARMA)

Südwestlich vom Monkey Forest stellt dir das in einem schönen Park angelegte Museum des Sammlers Agung Rai balinesische Künstler vor, aber auch Werke von Walter Spies, Rudolf Bonnet, Le Mayeur und dem berühmten javanischen Maler Affandi. Zudem gibt's Kurse zum Mitmachen, auch für Kids. *Tgl. 9–18 Uhr | Eintritt (Erwachsene und Kinder) 100 000 Rp. | Jl. Pengosekan | armabali.com | 1 Std.*

PURI LUKISAN

Eine Brücke führt westlich der Hauptkreuzung in den üppig grünen Park dieses „Gemäldepalasts". In mehreren Gebäuden sind Werke im alten *Wayang*-Stil sowie von Rudolf Bonnet und Walter Spies zu sehen, außerdem Bilder der Young Artists, die ländliche Szenen in kontrastreichen Farben festhielten, und zeitgenössische Malerei des bekannten Künstlers I Gusti Nyoman Lempad. *Tgl. 9–18 Uhr | Eintritt ab 85 000 Rp. bzw. 145 000 Rp. inkl. Mittagsbuffet | Jl. Raya Ubud | purilukisanmuseum.com | 1 Std.*

BLANCO MUSEUM

Die ausdrucksstarken Bilder des exzentrischen spanisch-philippinischen Malers Antonio Blanco (1912–1999) sind in seinem palastartigen Privatanwesen zu besichtigen. Wie in Blancos Werke sind auch in die Architektur und Einrichtung seines Wohnhauses europäische und balinesische Elemente eingeflossen. *Tgl. 10–17 Uhr | Eintritt 100 000 Rp. | Jl. Raya Campuhan | blancomuseum.com | 45 Min.*

NEKA ART MUSEUM

Die Sammlung des Kunstmäzens Suteja Neka vermittelt dir einen guten Einblick in die balinesische Kunst damals wie heute. Vertreten sind alle wichtigen Maler, außerdem gibt es eine Sammlung wertvoller Zeremonialdolche *(kris),* die auf Bali und Java als magische Objekte und Statusinsignien gelten. *Tgl. 9–17 Uhr | Eintritt 100 000 Rp. | Jl. Raya Campuhan | nekaartmuseum.com | 45 Min.*

ESSEN & TRINKEN

MOZAIC

Das Team von Küchenchef Chris Salans, der in Ubud auch das Restaurant Spices führt, zaubert dir ein mehrgängiges Menü, das die besten Geschmäcker aus Ost und West vereint. Auf deinem Teller könnten z. B. Foie gras von der Ente mit Mango, Fischcarpaccio mit Kokosfleisch und Pomelo oder angerösteter Tofu mit Tonkabohnenemulsion landen. *Tgl. ab 17.30 Uhr | Jl. Raya Sanggingan | Tel. 0821 47 23 55 50 | mozaic-bali.com | €€€*

ALCHEMY

Raw Food nicht nur für Veganer. Große Auswahl an Salaten, Säften, vollwertigen Gerichten und Desserts. Auch deinen Naturkosteinkauf kannst du hier erledigen. *Tgl. | Jl. Penestanan Kelod 75 (hinter Blanco-Museum abbiegen) | Tel. 0821 46 90 89 10 | alchemybali.com | €€*

SENIMAN COFFEE STUDIO

Hier gibt's selbst gerösteten Kaffee in verschiedenen Sorten und eines der besten Frühstücksmenüs am Ort, dazu Baristakurse und eigene Designprodukte. *Tgl. | Jl. Sriwedari 5 | Tel. 0812 83 38 66 41 | senimancoffee.com | €€*

MELTING WOK

In wirklich schlichtem Ambiente verwöhnt dich der sehr aufmerksame Service mit kreativen und liebevoll zusammengestellten Tagesgerichten. Immer voll – also besser reservieren. *Tgl. | Jl. Gootama 13 | Tel. 0821 44 17 49 06 | €–€€*

KAFE

Tolles Biocafé mit großer Frühstückskarte, leckeren Kuchen, herzhaften Suppen, Salaten und einer Einrichtung aus Recyclingmaterialien. Viele vegetarische Optionen. *Tgl. | Jl. Hanoman 44 B | Tel. 0811 1 79 34 55 | kafebali.com | €–€€*

SHOPPEN

Auf dem *Pasar Ubud (Kreuzung Jl. Raya Ubud/Monkey Forest Road)* gibt's Kleinkram, Kunst und Kitsch, aber bring unbedingt Verhandlungsgeschick mit!

Im Agung Rai Museum wird nicht nur Kunst gezeigt, es entstehen auch neue Werke

„Verpackt" in große Körbe wird auf dem Markt in Ubud Geflügel verkauft

Rund um Ubud liegen Kunsthandwerksdörfer: *Mas* ist bekannt für seine Holzschnitzer, *Penestanan* für Malerei und *Peliatan* für Schattenspielpuppen. Etwas weiter weg, in *Celuk,* kannst du günstig Silberartikel erstehen.

THREADS OF LIFE

Mit dem Einkauf in diesem Fair-Trade-Laden, der hochqualitative, traditionelle Webstoffe und Flechtarbeiten führt, unterstützt du die Frauen, die sie herstellen, sowie den Erhalt dieses Handwerks in Indonesien. *Jl. Kajeng 24 | threadsoflife.com*

STUDIO PERAK

Originellen Silberschmuck bekommst du hier zu günstigen Preisen. Oder du machst dir einen Ring oder Armreif selbst: Die Besitzer geben Kurse im Silberschmieden. *Jl. Hanoman 15, Jl. Dewi Sita und Jl. Monkeyforest | Facebook*

GALERIEN

Kein Ort auf Bali zählt so viele Kunstgalerien und Artshops wie Ubud. Die *Komaneka Gallery (Jl. Monkey Forest | gallery.komaneka.com)* und die *Tony Raka Art Lounge (Jl. Raya Mas | tony raka.com)* stellen moderne Künstler aus Java und Bali aus. Indonesische und internationale zeitgenössische Kunst gibt es in der *Sika Gallery (Jl. Raya Sanggingan 88x | @sikagallery)* zu sehen und zu kaufen. Kunstvolle Mitbringsel und Dinge für den Alltagsgebrauch findest du im der Sika

Gallery angeschlossenen *Ego Shop (Facebook: egoshopubud)*.

SPORT & SPASS

Ubud ist ideal für Ausflüge in die Umgebung: Reisfeldwanderungen und Radtouren organisiert *Bali Budaya Tours (Tel. 0361 97 55 57 | baliecocycling.com)*. Legendär sind die Vogelwanderungen mit den Ornithologen *Victor und Su (Tel. 0361 97 50 09 | balibirdwalk.com)*.

INSIDER-TIPP **Egotrip**

Zu kurzen Spaziergängen kannst du dich auch auf eigene Faust aufmachen, z. B. zum kurzweiligen *Campuhan Ridge Walk*, der 750 m westlich der Kreuzung nach Norden beginnt.

WELLNESS

Vielseitige Spabehandlungen zu günstigen Preisen gibt's im *Sang Spa (Jl. Jembawan 13b | Tel. 0812 46 11 33 39 | sangspaubud.com)*, Dschungelpanorama und einen ganzheitlichen Ansatz bietet *Taksu (Jl. Gootama Selatan 35 | Tel. 0361 97 14 90 | taksu.org)*.
Zum Sonnengruß verbiegst du dich am besten in der *Yoga Barn (Jl. Sukma Kesuma | Tel. 0361 97 12 36 | theyogabarn.com)*, wo täglich mehr als 20 verschiedene Kurse und Retreats in Yoga und Meditation stattfinden – ein Biorestaurant *(€€)* und Ayurveda-Spa sind gleich mit integriert.

AUSGEHEN & FEIERN

Jeden Abend finden in und um Ubud Tanz- und Musikaufführungen statt, das Programm hat die *Ubud Tourist Information (Jl. Raya Ubud)*.

XL SHISHA LOUNGE

Bei einer Wasserpfeife und einem Drink in nahöstlichem Dekor chillen und ab 19.30 Uhr die Livemusik genießen. *Tgl. 10–2 Uhr | Jl. Monkey Forest 129 (hinter dem Fußballplatz)*

CP LOUNGE

In dem luftigen Bar-Restaurant sorgen Lampions und Rainbow-Shots für Farbe. An vielen Abenden gibt's gute Livemusik, später legt im hinteren Bereich ein DJ auf – dann wird getanzt bis in den Morgen. *Tgl. ab 13 Uhr | Jl. Monkey Forest | cp-lounge.com*

LAUGHING BUDDHA BAR

Der lachende dicke Buddha gilt als Schutzheiliger der Kinder und Schwachen, der Wahrsager – und der Bartender. Kein Wunder, dass die Jazz-Bar und Cocktaillounge mit ihren exotischen Drinks punktet. Noch besser sind die täglich wechselnden Livebands. *Tgl. ab 16 Uhr | Jl. Monkey Forest | laughingbuddhabali.com*

RUND UM UBUD

1 GUNUNG BATUKARU ★

40 km / 1 Std. von Ubud mit dem Auto

Die Gegend rund um Balis zweithöchsten Vulkan (2276 m) gilt als Reiskammer der Insel. An seiner Süd-

Reisanbau nach dem Subak-System bedeutet auch schwere körperliche Arbeit

seite liegen die spektakulären, fast tausend Jahre alten *Reisterrassen von Jatiluwih (Eintritt 40 000 Rp. | 15 Min.)*, von denen du bei klarer Sicht bis zum Meer gucken kannst. Rund 9 km westlich versteckt sich auf 825 m Höhe der *Pura Luhur Batukaru (tgl. 6–18 Uhr | Eintritt 40 000 Rp. | 45 Min.)*, einer der sechs heiligsten Tempel Balis: Eine verwunschen wirkende Anlage, die als Ahnentempel für den Hof von Tabanan dient und deren Ursprünge im 11. Jh. liegen.

In der grünen Umgebung haben sich einige Wohlfühl- und naturnahe Ökoresorts angesiedelt, in denen du bei milden Temperaturen prima entspannen kannst. *G–H 3–4*

2 BONGKASA PERTIWI

11 km/20 Min. von Ubud mit dem Auto

Der Ortsteil von Abiansemal erlangte Berühmtheit, seit hier Riesenschaukeln und hängende Nester als Fotospots mit Blick auf die Reisterrassen installiert wurden. Für satten Eintritt kannst du zumindest vor der Linse den Eindruck erwecken, du wärst weit und breit der oder die Einzige in diesem malerischen Flusstal. Dass vor jeder Schaukel eine Warteschlange steht, kann den Spaß allerdings trüben – wie auch die Sicherheitsvorkehrungen, die nicht deutschen Standards entsprechen. Auch hier gilt: Komm frühmorgens – und nimm Badesachen mit, denn am Fluss ist ein Pool zum Abkühlen. *Tgl. 8–18 Uhr, letzter Einlass 17 Uhr | Eintritt mit/ohne Schaukelnutzung 40/8 US-$ | Jl. Dewi Saraswati 7 | kostenloser Shuttle ab Jl. Suweta in Ubud | baliswing.com | 45 Min. | J5*

3 BEDULU

2 km/5 Min. von Ubud mit dem Roller

Steile Stufen führen in dem Dorf südöstlich von Ubud zur *Goa Gajah (tgl. 8–17 Uhr | Eintritt 50 000 Rp. | 30 Min.)*, der „Elefantenhöhle" aus dem 9. Jh., die du durch das Maul eines Dämons betrittst. Im Inneren erwartet dich eine Statue des Gotts Ganesha, der halb als Mensch, halb

als Elefant dargestellt wird. Erst 30 Jahre, nachdem die Niederländer 1923 auf die Höhle gestoßen waren, wurden auch die heilige Quelle und die beiden rechteckigen Badeplätze davor wiederentdeckt.
800 m südöstlich der Höhle hast du die Chance, kreativ zu werden und bei *Deking Bali Arts Class (tgl., nach Voranmeldung | ab 450 000 Rp. | Tel. 0813 38 78 48 92)* Workshops rund um die balinesischen Künste zu belegen. Nyoman Deking, der jahrzehntelang im ARMA (s. S. 68) unterrichtete, zeigt dir und/oder deinen Kids nicht nur, wie du batikst oder Holzobjekte schnitzt, sondern auch Tänze oder das kunstvolle Ausschnitzen von Obst. *K5*

4 PURA PENATARAN SASIH

3 km / 8 Min. von Ubud mit dem Roller

Genau in der Mitte Balis steht der Tempel mit dem „Mond von Pejeng", der größten Bronzetrommel der Welt und einem der wichtigsten Funde der indonesischen Bronzezeit. Einer Sage nach war die Trommel einst der 13. Mond eines Jahres, fiel aber herab, als Diebe sein Licht mit ihrem Blaseninhalt löschten, um nicht entdeckt zu werden. *Tgl. 8–18 Uhr | 15 Min. | K5*

5 GUNUNG KAWI

20 km / 30 Min. von Ubud mit dem Auto

In dem idyllischen Tal nördlich von Ubud führt dich eine Treppe mit fast 300 Stufen zu neun 7 m hohen Felsnischen mit gemeißelten Schreinen, die vermutlich aus dem 11. Jh. stammen. Dahinter werden die Gräber des Königs Anak Wungsu und seiner Familie vermutet. Der Legende nach kratzte der Riese Kebo Iwa die Ruhestätten aus dem Felsen. Die ausladenden Banyanbäume, die nahen Reisterrassen und die Gewissheit, dass nur die wenigsten Reisegruppen den schweißtreibenden Ab- und Aufstieg in Angriff nehmen, machen Gunung Kawi zu einem Ort, an dem es dir gefallen wird. *Tgl. 8–17 Uhr | Eintritt 50 000 Rp. | 1 Std. | K4*

6 TIRTA EMPUL

21 km / 30 Min. von Ubud mit dem Roller

Nur gut 1 km nördlich von Gunung Kawi findest du dich im Gewusel der Besuchermassen wieder. Mehr noch als Touristen sind es ausnahmsweise Balinesen, die zu Tausenden zu den heiligen Quellen pilgern – und das seit mehr als tausend Jahren. Im Zentrum des weitläufigen Tempelkomplexes sprudelt klares Wasser, dem der Hindugott Indra magische Kräfte verliehen haben soll, aus zwölf Speiern in zwei Hauptbecken, in dem die Gläubigen baden und sich Wasser zum Mitnehmen abfüllen. Tu es ihnen gleich, miete dir Badesarong und Schließfach und tauch nach einer kleinen Opfergabe ins heilige Nass *(ca. 20 000 Rp.)*. Achtung: Die beiden rechten Speier sind tabu! *Tgl. 8–17 Uhr | Eintritt 50 000 Rp. | 1 Std. | K4*

INSIDER-TIPP
Showers of Blessing

7 TEGALLALANG

8 km / 15 Min. von Ubud mit dem Roller

Nördlich von Ubud findest du die vielleicht fotogensten Reisterrassen Balis. Ihre Beliebtheit hat das einst so idyllische Dorf in eine Meile aus Viewpoints, Cafés, Parkplätzen und Souvenirläden verwandelt, sodass du vielleicht nur schnell dein Foto machen und weiterfahren willst. Besonders beliebt sind die riesigen „Instagram-Schaukeln" mit Namen wie *The Natural Terrace Swing*.

INSIDER-TIPP
Der frühe Vogel …

Kommst du allerdings früh am Morgen und wanderst etwas in die Terrassenlandschaft hinein, kannst du Landschaft und Atmosphäre ungestört genießen. *Tgl. 7–18 Uhr | Eintritt 10 000 Rp., Wegzoll entlang der Spazierwege 5000 Rp. | 15 Min. | K4*

8 GUNUNG BATUR ★

40 km / 1 Std. von Ubud mit dem Auto

Um den Sonnenaufgang auf dem Gipfel des Gunung Batur (1717 m) zu erleben, heißt es früh aufstehen und im Dunkeln rund zwei Stunden lang einen steinigen Pfad erklimmen. Doch es lohnt sich, denn der Blick über die schroffe Vulkanlandschaft und die weite Caldera ist atemberaubend! Informier dich aber vorher über das Wetter, denn ein wolkenverhangener Berg bietet logischerweise null Aussicht. Touren organisieren z. B. *Bali Budaya Tours (Tel. 0361 97 55 57 | baliecocycling.com)*.

Weniger anstrengend, aber nicht minder beeindruckend ist der Blick von *Penelokan* auf den Kratersee *Danau Batur*, mit 8 km Länge der größte See Balis. An seinen Ufern kannst du im Anschluss an die Bergbesteigung deine müden Knochen in den *heißen Quellen* bei Toyabungkah regenerieren lassen; allerdings wurden einige von ihnen zu regelrechten Badelandschaften mit „Lakefront-Pools" hochgetunt. Die *Segara Healing Bali Natural Hot Spring (50 000 Rp.)* am nördlichen Westufer dagegen ist relativ günstig und noch nicht so zugebaut wie z. B. die *Batur Natural Hot Spring* weiter südlich. L2

LOVINA

(G1–2) **Der wichtigste Touri-Ort der Nordküste ist deutlich geruhsamer als seine Pendants im Süden. Klar, der vulkanische dunkle Sandstrand ist nicht ganz so schön wie die dortigen Strände, dafür hat man seine Ruhe und gute Chancen, Delphine zu sichten.**

Wer bei Lovina an Liebe denkt, liegt gar nicht so falsch, denn inspiriert von den Hippies, die in den 1970er-Jahren Bali entdeckten, benannte der letzte Fürst von Buleleng diesen 6 km langen Küstenstreifen, der sich über mehrere Dörfer erstreckt. Die größte Attraktion sind die Delphine: Zum Sonnenaufgang fahren kleine Auslegerboote die Küste auf und ab, um den Touristen die Meeressäuger zu zeigen, die sich hier tummeln. Manchmal artet das leider zur Treibjagd aus.

Da Lovina schon bessere Tage erlebt hat, wirken viele Hotels und Strandabschnitte vernachlässigt, und mitunter wirst du von Guides belagert, die Arbeit suchen. Andererseits entstanden an den Hängen der nahen Berge Resorts für einen abgeschiedenen Wellness-, Yoga- und Meditationsurlaub.

ESSEN & TRINKEN

AKAR CAFE

Klein, fein und in jeder Hinsicht grün: leckere vegetarische Küche, Bioprodukte und Vermittlung von Yogakursen in mintgrünem Dekor. *Tgl. | Jl. Pantai Binaria | Tel. 0362 34 35 36 | €–€€*

BAKERY LOVINA

Hier gibt es Frühstück mit Müsli, Vollkornbrot, Wurst und Käse sowie eine gute Weinauswahl. Dafür musst du, was das Ambiente angeht, ein Auge zudrücken und für Nutella oder Leberwurst freilich etwas mehr zahlen als daheim. *Tgl. | Jl. Raya Lovina | Tel. 0362 4 22 25 | caferestaurantlovina.com | €€*

WELLNESS

Im *Cambodja Spa (Jl. Yudistira | Tel. 0818 05 52 04 23 | cambodja-spa.com)* kannst du dich nach allen Regeln der Kunst stundenlang durchkneten, abschrubben und verwöhnen lassen, ohne allzu tief in die Tasche greifen zu müssen.

RUND UM LOVINA

9 DANAU BRATAN

31 km / 40 Min. von Lovina mit dem Auto

Ein See südöstlich von Lovina, an dessen Ufer sich der märchenhafte *Pura Ulun Danu Bratan (tgl. 7–19 Uhr | Eintritt 75 000 Rp. | 30 Min.)* aus dem

Delphine: für viele *der* Grund, nach Lovina zu fahren

Kuren auf Indonesisch: Baden in den heißen Schwefelquellen von Banjar

17. Jh. schmiegt. Er ist einer der wichtigsten Tempel auf Bali. Hinter einem schönen Garten liegt auf einer kleinen Insel der elfstufige Schrein, der der Seegöttin geweiht ist. In zahlreichen Zeremonien bitten die Balinesen hier um ausreichend Wasser für ihre Felder.

INSIDER-TIPP **Mit Spiegeleffekt**

Wenn der Wasserstand es zulässt und sich der elfstufige Meru im See spiegelt, schießt du das beste Foto vom Ufer weiter südlich. *E3–4*

10 BOTANISCHER GARTEN

33 km/40 Min. von Lovina mit dem Auto

Gut 3 km westlich vom Bratan-Tempel, in Candikuning, kannst du mit deinem Auto eine Runde oder zwei durch den 154 ha großen *Kebun Raya Eka Karya (tgl. 7–18 Uhr | Eintritt 20 000 Rp. pro Auto, 20 000–30 000 Rp. pro Pers. | 1 Std.)* drehen. Seine Straßen führen dich zu Orchideen-, Kakteen- und Rosengärten und vorbei an den unterschiedlichsten Baumarten. Wenn du dich auf dem Markt von Candikuning mit Obst und Snacks versorgt hast, musst du dir hier nur noch den allerschönsten Picknickplatz aussuchen. Achtung, Motorroller dürfen hier nicht fahren, wenn du also ohne eigenes Fahrzeug kommst, musst du zu Fuß laufen. An einzelnen Attraktionen wirst du ohnehin aussteigen wollen, z. B. am Orchideengarten, der Hunderte Arten und Hybriden dieser faszinierenden, vielfältigen Pflanzenfamilie beherbergt. Einige kommen nur auf Bali vor, etwa Malleola baliensis und Calanthe baliensis. *H3*

11 DANAU BUYAN & DANAU TAMBLINGAN ★

17 km/30 Min. von Lovina mit dem Auto

Der Buyan- und der Tamblingan-See südöstlich von Lovina bildeten einst einen einzigen großen Kratersee. Heute kannst du am nördlichen Rand gemütlich an Kaffeeplantagen vorbeifahren, die Aussicht genießen und vom südlichen Ufer des Tamblingan-Sees in 1½–2 Stunden ins beschauliche *Munduk* wandern, das wunderschön zwischen Bergwäldern, Obstplantagen, Reis- und Tabakfeldern liegt. Ein Pfad 2 km östlich von Munduk führt zu einem Wasserfall. Um die Natur länger zu genießen, kannst du hier auch übernachten. *H2*

12 GITGIT-WASSERFÄLLE

10 km/20 Min. von Lovina mit dem Auto

Südlich von Singaraja stürzt unweit der Straße eine Reihe von Wasserfällen in einigen Abständen bis zu 40 m in die Tiefe. Betonierte Wege führen von den Parkplätzen in jeweils 5–10 Minuten vorbei an Verkaufsständen und Obstbäumen zu den Kaskaden. In den natürlichen Pools einiger Wasserfälle kannst du baden, z. B. am *Twin Waterfall*. Lass dir am Eingang keinen Guide aufdrängen, du findest den Weg auch so und kannst die 150 000–200 000 Rp. besser ausgeben. *Tgl. 8–17 Uhr | Eintritt 20 000 Rp. | H2*

13 SINGARAJA

10 km/10 Min. von Lovina mit dem Auto

Ausgehend von der alten Hauptstadt östlich von Lovina etablierten die Niederländer ihre Herrschaft. Du kannst im alten Palast *Puri Agung (tgl. 8–17 Uhr | Eintritt gegen Spende | Jl. Mayor Metra 12 | 15 Min.)* einige Bilder der Herrscherfamilie ansehen, deren Nachfahren immer noch hier wohnen, oder in den Markthallen des *Pasar Anyar (tgl. 5–17 Uhr | Jl. Durian)* authentische Eindrücke vom Einkaufstreiben und gute Fotomotive erhaschen. *H1*

14 BANJAR

10 km/15 Min. von Lovina mit dem Auto

Ob ein Bad in den 37 Grad heißen Quellen *(Air Panas | tgl. 8.30–17.30 Uhr | Eintritt 20 000 Rp.)* bei 30 Grad im Schatten noch wohltuend ist, muss jeder für sich entscheiden, aber schau dir südöstlich von Banjar das *Brahmavihara Arama (tgl. 8–18 Uhr | Eintritt 20 000 Rp. | brahmaviharaarama.com)* an, ein buddhistisches Kloster. Über mehrere Stufen zieht sich sein idyllischer Garten mit Gebetshallen und den glockenförmigen *stupas* den Hang hinauf: Hier kannst du ungestört meditieren und von ganz oben den Blick bis zum Meer genießen. Das Kloster bietet auch mehrtägige Meditationsaufenthalte. *F2*

INSIDER-TIPP Ommm…

15 HATTEN WINES VINEYARD

33 km/30 Min. von Lovina mit dem Auto

Wenn du dich für Wein interessierst, solltest du das *Welcome Center & Ob-*

Tauchern eröffnen sich an Balis Nordwestküste bizarre Unterwasserwelten

servation Deck von Hatten Wines besuchen. Hier werden Besucher nach Voranmeldung über das 45 ha große Weingut geführt und in die Herstellung eingeweiht, auch Verkostungen sind möglich – am besten vorher anrufen. Angebaut werden die Rebsorten Belgia, Alphonse-Lavallée, Frankenthaler, Colombard, Muscat St. Vallier, Chenin Blanc und Shiraz/Syrah. Gekeltert wird der gute Tropfen allerdings in Sanur. *Mo–Fr 9–16.30, Sa bis 12 Uhr | Sanggalangit | Tel. 0812 39 64 50 77 | hattenwines.com | 1 Std. |* *D2*

PEMUTERAN

(C2) **Der geruhsame Ort liegt am Rand des West-Bali-Nationalparks und ist idealer Ausgangspunkt zum Schnorcheln und Tauchen vor Pulau Menjangan.**

Am Strand haben sich Resorts mit Rundumservice angesiedelt, südlich der Straße kannst du in preiswerten Gästehäusern absteigen. Auch an Restaurants, Tauchzentren und organisierten Touren bis nach Ostjava mangelt es nicht. Das Tauchzentrum *Reef Seen Aquatics* betreibt zudem eine *Schildkrötenstation (tgl. 9–17 Uhr | Eintritt gegen Spende | reefseenbali.com)*, wo du, wenn du zur richtigen Zeit an Ort und Stelle bist, vormittags sogar Babyschildkröten freilassen kannst.

Sehr erfolgreich ist das langjährige Biorock-Projekt zur Besiedelung künstlicher Korallenriffe vor Pemuteran. Bestimmt entdeckst du beim Schnorcheln oder Tauchen einige der überwucherten Gerüste. An den Metallstreben sorgt bzw. sorgte ein schwacher Gleichstrom für ein vielfach schnelleres Wachstum der Korallen. Auch andere Strukturen dienen den empfindlichen Tieren als Grundlage: Im *Temple Garden* tauchst du auf 15–30 m Tiefe zwischen Buddha-

INSIDER-TIPP
Zwischen Heiligtümern abtauchen

und Ganeshastatuen sowie buddhistischen *stupas,* bevölkert von Korallen und Fischen!

ESSEN & TRINKEN

BALI BALANCE

Drinnen oder an den Tischen im Garten bekommst du selbst gebackenes Vollkornbrot und leckere Kuchen, frische Säfte und Salate. *Tgl. 9–19 Uhr | Jl. Raya Singaraja-Gilimanuk | Tel. 0853 37 45 54 54 | Facebook | €€*

RUND UM PEMUTERAN

16 PULAU MENJANGAN ★

45 Min. von Pemuteran mit dem Boot

Die Insel am Nordzipfel des Nationalparks von Westbali liegt quasi in Spuckweite zu Java und gilt als bestes Tauchrevier des Westens. Auf erfahrene Taucher warten steil abfallende Riffe und ein Schiffswrack. Doch auch Anfänger sowie Schnorchler dürfen sich dank des Korallenschutzprojekts auch in Strandnähe auf eine bunte Unterwasserwelt freuen.

Obwohl Pulau Menjangan nicht bewohnt ist, stehen dort Tempel, etwa der *Pura Sang Hyang Siwa Pasupati* mit seiner gewaltigen Ganeshafigur. Ansonsten ist der Landgang nicht spektakulär, denn weite Teile der Insel sind die meiste Zeit des Jahres knochentrocken. Hin gelangst du im Rahmen organisierter Touren mit Booten, die am Pura Sakti Pejarakan (Labuhan Lalang) starten, wo auch der Nationalparkeintritt fällig wird. Deine Unterkunft in Pemuteran kümmert sich um alles, oder du buchst den Inselausflug bei einem Touranbieter. *Tgl. 8–17 Uhr | Eintritt 200 000 Rp, So und feiertags 300 000 Rp., Tauchen/Schnorcheln 25 000/15 000 Rp. | 3 Std. | B1*

SCHÖNER SCHLAFEN IN ZENTRAL- & NORDBALI

KUNST ...

Das Gebäude, in dem sich das *Tjampuhan Hotel (67 Zi. | Jl. Raya Campuan | Ubud | Tel. 0361 97 53 68 | tjampuhan-bali.com | €€€)* befindet, war mal das Haus des Malers Walter Spies. Hier wohnst du elegant und mit Blick ins Grüne, zwei Pools, einem luxuriösen Spa und einem edlen Restaurant. Mehr geht nicht, auch was die Kunst angeht: In der *Walter-Spies-Lounge* schmücken Originale des Malers die Wände.

... ODER NATUR?

Wenn du den Gunung Batukaru näher erkunden willst oder einfach ein naturnahes Getaway mit Garten und Spa suchst, bist du in der *Sarinbuana Eco Lodge (6 Bungalows | Jl. Arjuna | Sarinbuana | Tel. 0813 39 02 88 39 | balieco lodge.com | €€)* goldrichtig. Sie ist auch eine gute Adresse, wenn du dich für kunsthandwerkliche Workshops, Yoga-Retreats, Birdwatching oder leichte Wanderungen begeisterst.

OSTBALI

GIPFEL UND TAUCHGRÜNDE

Die Ostküste wartet zwar auch mit dem einen oder anderen netten Strand auf, ist aber vielmehr als Tauchdestination bekannt. Das üppig grüne Hinterland dominieren der majestätische Gunung Agung und seine tief nach Süden auslaufenden, fruchtbaren Hänge, an denen die Reisterrassen sanft herabzufließen und kleine Flüsse wie für dich hingemalt scheinen.

Es macht Spaß, bei Tagestouren von der Küste aus durch grüne Täler zu fahren, authentische Eindrücke vom Dorfleben mitzunehmen

Über dem fruchtbaren Hinterland wacht der Gunung Agung, der Wohnsitz der Götter

und die kleinen, ländlichen Paläste rund um Amlapura zu entdecken. Ganz anders ist die Atmosphäre auf den Nusa-Inseln, die bei Surfern, Instagrammern, versierten Tauchern und Backpackern hoch im Kurs stehen. Hier wird es in der Saison sehr heiß und trocken, und die Wellen branden im Westen schroff gegen Steilklippen, während andernorts Mangroven und flache Strände die Küste säumen. Erfahrene Taucher kommen besonders vor Nusa Penida auf ihre Kosten.

OSTBALI

Besakih
BANGLI
Tampak Siring
Selat
Bangli
38 km, 1 Std.
Ubud
Blahkiuh
Pejeng
GIANYAR
7 Klungkung (Semarapura)
Gianyar
Goa Lawah 6
KLUNGKUNG
Blahbatuh
BADUNG
Sukawati
Bali
Batubulan
DENPASAR
Selat Badung
Denpasar
Nusa Lembongan ★
S.90
Sanur
Toyapakeh
Dream Beach
Nusa Ceningan 8
Kelingking Beach
SAMUDERA INDONESIA
Nusa Dua

MARCO POLO HIGHLIGHTS

★ TENGANAN
Erlebe Kultur und Alltag der balinesischen Ureinwohner ➤ S. 88

★ TIRTAGANGGA
Stippvisite mit Bad in den fürstlichen Wassergärten ➤ S. 86

★ NUSA LEMBONGAN
Auf der Insel geht viel mehr als surfen, tauchen, Roller fahren ➤ S. 90

★ AMED
Die schönsten Tauchgründe und Schnorchelreviere liegen direkt vor der Haustür ➤ S. 84

AMED

(🕮 N3) **Einst das Armenhaus der Insel, hat sich der Küstenabschnitt um das Fischerdorf ★ Amed längst zum Ziel für Taucher und all die Urlauber gewandelt, die Ruhe vor dem Rummel der Touristenzentren suchen.**

Entlang der schmalen Straße durch die Orte Jemeluk, Bunutan, Lipah und Selang, die unter „Amed" zusammengefasst werden, reihen sich familiäre Gästehäuser, lauschige Boutiqueresorts und Bungalowanlagen mit Meerblick. Die meisten liegen hoch auf den Klippen oder laden am dunkelsandigen Strand zum Schnorcheln ein. Denn unter Wasser erblüht das Leben in den schillerndsten Farben und Formen. Wenn du mit deiner Unterkunft oder mit einem der Fischer sprichst, kannst du zum Fischen auf einem der Auslegerboote *(jukung)* mitfahren – und das fangfrische Seafood gleich auf den Grill legen.

INSIDER-TIPP
Fischers Fritze!

Shoppinggelegenheiten oder Nachtleben gibt es dagegen kaum. Zudem haben Fußgänger schlechte Karten, da die Orte weit auseinander liegen.

Praktisch: Von Amed aus hast du mit Schnellbooten *(freebird-express.com)* die kürzeste Überfahrt auf die Gilis und nach Lombok (1 Std.).

ESSEN & TRINKEN

WARUNG CELAGI

Mit den frisch zubereiteten balinesischen und europäischen Gerichten, Seafood und Desserts machst du in diesem einfachen Strandrestaurant nichts verkehrt. *Tgl. | Jemeluk | Tel. 0859 35 02 66 19 | €*

GREEN LEAF CAFE

In dem luftigen Hangout mit Kissen und Tischen am Boden triffst du auf Backpacker, Taucher und Yogis. In den Magen bekommst du hier u. a. Frühstück, vegetarische und vegane Hauptgerichte sowie gute Tees und Säfte. *Tgl. bis 18.30 Uhr | Amed | Tel. 0812 38 26 73 56 | Facebook: Green LeafCafeAmed | €–€€*

SPORT & SPASS

In den meisten Buchten kannst du direkt vom Ufer aus schnorcheln und tauchen, am besten in *Jemeluk* und *Lipah*. Zwischen den Skulpturengärten der britischen Marine Foundation und anderer NGOs stößt du auf Apsara-Nymphen, Schatztruhen, einen balinesischen Barong-Löwen und andere Unterwassergestalten. Vor *Tulamben,* etwa 20 Fahrminuten nordwestlich, finden Taucher eine spektakuläre Korallenwand sowie das Wrack eines amerikanischen Versorgungsschiffs aus dem Zweiten Weltkrieg. Da die „USAT Liberty" direkt vor der Küste liegt und wenige Meter unter der Wasseroberfläche endet, ist sie einer der leichtesten Wreck-Dives der Welt. Nur fünf Minuten mit dem Boot, und du tauchst am *Boga Shipwreck,* in dessen Umgebung du u. a. einen versenkten VW-Kübelwagen findest. Kurse und Touren bieten u. a. *Jukung Dive (Amed | Tel. 0363 2 34 69 | jukungdivebali.com)* oder *Eco Dive (Jemeluk | Tel. 0363 2 34 82 | ecodivebali.com).*

Vor Ameds Küste erwartet Taucher ein tropisches Unterwasserparadies

RUND UM AMED

1 GUNUNG AGUNG

44 km / 1½ Std. von Amed mit dem Auto

Auf der meist wolkenverhüllten Spitze des majestätischen „Großen Bergs" (3142 m) wohnen nach balinesischem Glauben die Götter. Wenn der aktive Vulkan es erlaubt, sind schweißtreibende Trekkingtouren zum Gipfel möglich.

Die Götter bewiesen 1963 ihren Unmut, als bei einem Ausbruch des Vulkans weite Teile Ostbalis verheert wurden. Auch 2017 war der Vulkan wieder bedrohlich aktiv und steht seitdem unter ständiger Beobachtung, mit wechselnden Warnstufen. Der anstrengende Aufstieg zum 700 m breiten Krater ist von Besakih (ca. 6 Std., für erfahrene Bergsteiger) oder vom Pura Pasar Agung (ca. 4 Std.) möglich, aber nur mit Führer (z. B. von *balitrekkingtour.com*), denn man verirrt sich leicht!

An der Flanke des Bergs liegt auf fast 1000 m der *Pura Besakih (tgl. 8–17 Uhr | Eintritt 60 000 Rp. inkl. Sarong | 45 Min.)*, der „Muttertempel". Das größte und wichtigste Heiligtum der Insel wurde im 11. Jh. begründet und besteht aus 23 Tempeln und mehr als 200 Bauten. Den vielen Tempeln und Schreinen verdankt Pura Besakih seinen regen Festkalender mit rund 70 Zeremonien pro Jahr! Herzstück ist der *Pura Penataran Agung* mit einem Lotosthron für Shiva. Ein Besuch lohnt sich nur mit einem guten Führer, da der lange Weg vom Parkplatz zur Tempelanlage zum Spießrutenlauf vorbei an aufdringlichen Ver-

Einst königliches Refugium, heute beliebtes Ausflugsziel: der Ujung-Wasserpalast

käufern werden kann. Einige Guides bieten sich am Eingang an und erwarten nach der (eigentlich im Preis enthaltenen) Tour ein Trinkgeld (10 000 Rp.). *M–N 3–4*

2 TIRTAGANGGA ★

15 km/20 Min. von Amed mit dem Auto

Inmitten von Reisterrassen sprudeln südwestlich von Amed die heiligen Quellen von Tirtagangga („heiliges Wasser des Ganges"), um die der letzte König von Karangasem 1948 einen Park anlegen ließ. Auf drei Ebenen plätschern mehrere Pools mit kunstvoll gemeißelten Wasserspeiern und Statuen in einem üppigen Garten. In zwei der Pools kannst du gegen eine Extragebühr *(10 000 Rp.)* sogar baden. *Tgl. 8–17 Uhr | Eintritt 50 000 Rp. | 30 Min.* | *N4*

3 AMLAPURA

22 km/30 Min. von Amed mit dem Auto

Das Zentrum des einst mächtigen Karangasem-Reichs ist heute eine schnöde Bezirkshauptstadt mit 82 000 Einwohnern. Zum Übernachten ist es rund um das 7 km entfernte Tirtagangga viel schöner, aber der Königspalast *Puri Agung (tgl. 8–17 Uhr | Eintritt 50 000 Rp. | Jl. Teuku Umar | 30 Min.)* im balinesischen Kolonialstil lohnt den Weg. Das Geschenk der niederländischen Besatzer ist gut erhalten, doch erwarte keinen verschwenderischen Prunk. Du siehst hier eine Reihe von herrschaftlichen Villen mit kunstvollen Verzierungen, kostbaren alten Möbelstücken, den schönen Lotosteich sowie Fotos vom letzten Herrscher und seiner vielköpfigen Familie. *N4*

4 UJUNG-WASSERPALAST

26 km / 40 Min. von Amed mit dem Auto

Der König von Karangasem ließ 1921 den *Taman Soekasada Ujung (tgl. 8–17 Uhr | Eintritt 50 000 Rp. | ⏲ 30 Min.)* südlich von Amlapura als Familienresidenz erbauen. Es macht Spaß, an den schwimmenden Pavillons vorbei durch den Garten mit Blick auf den Gunung Agung zu spazieren, und anders als am überlaufenen Tirtagangga sind kaum Touristen hier. Von Ujung führt eine kurvige und kaum befahrene Küstenstraße etwa 25 km um den Gunung Seraya bis nach Amed zurück. *N4*

INSIDER-TIPP
Auf Abwegen

CANDIDASA

(N5) **Der Reiz von Candidasa erschließt sich nicht jedem auf den ersten Blick. Doch wer sich ein bisschen länger in dem ehemaligen Fischerdorf (ca. 20 000 Ew.) aufhält, bemerkt das Fehlen der dynamischen Schnelllebigkeit und spürt vielleicht noch die Vibes des „alten Balis", die den Ort bei Reisenden im mittleren und fortgeschrittenen Alter beliebt machen.**

Im Zug des Touristenbooms in den 1970er-Jahren wurden die Korallenriffe vor der Küste als Baumaterial abgetragen – eine Dekade später hatte die Brandung den Strand komplett zerstört. Heute schützen hässliche Betonwälle vor weiterer Erosion. Der Ortskern ist ziemlich zugebaut, aber östlich und westlich davon stößt man auf Bungalowanlagen in Palmenhainen und wunderschöne Strände.

ESSEN & TRINKEN

VINCENT'S

Gemütliche Restaurantbar mit internationaler Küche sowie einer guten Cocktail- und Weinauswahl. Jeden Donnerstag jammen zwischen 18 und 21 Uhr wechselnde Jazzmusiker, montags spielt ein Pianist – eine Abwechslung zur verbreiteten Gamelan- und Top-40-Beschallung. *Tgl. | Jl. Raya Candidasa | Tel. 0363 41368 | vincentsbali.com | €€*

STRÄNDE

Direkt im Osten der Hauptstraße ist der Strand eher schmal, doch je weiter es nach Westen geht, desto großzügiger werden die Sandstreifen. Sehr beliebt ist der unbebaute Strand *Pasir Putih* („weißer Sand"): Etwa 5 km nordöstlich von Candidasa führt eine holperige Straße zu einem von Felsen eingerahmten Sandstreifen mit kristallklarem Wasser. Ab mittags kann es dort allerdings voll werden.

WELLNESS

Wenn es etwas mehr sein darf, als die 08/15-Salons entlang der Hauptstraße, dann reservier deine Massage oder andere Anwendungen im *Ocean Spa (Tel. 0363 41234 | short.travel/bal15)* des Candi Beach Resorts, wo du mit Meerblick in der Badewanne dein Blütenbad genießt oder dich professionell durchkneten lässt. Oder du nimmst eine private Yogastunde – auf der Dachterrasse mit Rundumblick.

RUND UM CANDIDASA

5 TENGANAN ★ ⚑

3 km / 5 Min. von Candidasa mit dem Roller

Wenn dir bei „Ureinwohner Balis" naturverbundene Waldnomaden in den Sinn kommen: falsch. Die Bali Aga leben als Bauern in streng traditionell geregelten und sozial nach außen abgegrenzten Dorfgemeinschaften. Einzig Tenganan nördlich von Candidasa hat sich dem Tourismus geöffnet, und du kannst es gegen eine Spende besichtigen. Die Bewohner verkaufen Korbwaren, kunstvoll bemalte Eier und andere Souvenirs. Handlich und preiswert sind die astrologischen Manuskripte auf den harten Blättern der Lontarpalme. Nur noch wenige Frauen können ⚑ *Geringsing*-Stoffe weben, deren Muster komplizierte Rechnerei und Jahre in der Herstellung benötigen und magisch wirken sollen.

INSIDER-TIPP
Zaubertuch

Frag am besten im Souvenirladen danach! *Tgl. 8–18 Uhr* | *N4–5*

PADANG BAI

(M5) **Für die meisten ist Padang Bai (15 000 Ew.) nur eine Durchgangsstation auf dem Weg nach Lombok oder auf die Gilis. Doch dank der entspannten Atmosphäre, den günstigen Unterkünften und den Tauchmöglichkeiten verbringt mancher hier den ganzen Urlaub.** Mehrere Korallenriffe direkt vor der Küste sowie die Nähe zu Nusa Penida und Nusa Lembongan versprechen spektakuläre Begegnungen mit der bunten Unterwasserwelt.

ESSEN & TRINKEN

OZONE CAFE

In dieser langjährigen Institution trifft man sich zu kühlen Drinks, knuspriger Pizza und Livemusik. *Tgl. | Jl. Segara | Tel. 0812 36 17 16 20 | €*

SPORT & SPASS

Empfehlenswert sind die deutschen Tauchschulen *Paradise Diving Indonesia (Jl. Silayukti 9 Bi | Tel. 0811 39 35 15 | divingbali.de)* und *Water WorxX (Jl. Silayukti | Tel. 0363 4 12 20 | waterworxbali.com).*

STRÄNDE

Schöne Strände zum Baden und Schnorcheln sind der *Blue Lagoon Beach* auf der anderen Seite des Hügels östlich des Hauptstrands sowie der kleine *Bias Tugal*, meist *White Sand Beach (Eintritt 10 000 Rp.)* genannt, der über eine steile Straße am Hügel westlich vom Fährhafen in 15 Minuten zu erreichen ist. Vorsicht: Die Strömung kann dich hier schnell davonziehen!

RUND UM PADANG BAI

6 GOA LAWAH

5 km/10 Min. von Padang Bai mit dem Roller

Westlich von Padang Bai liegt die „Fledermaushöhle" mit einem der sechs heiligsten Tempel Balis. Zur Abenddämmerung schwärmen die Fledermäuse mit ohrenbetäubendem Lärm aus der Höhle, die wie der Tempel mit einer dicken Schicht ihrer Exkremente bedeckt ist. *Tgl. 8–18 Uhr | Eintritt 25 000 Rp. | 30 Min. | M5*

7 KLUNGKUNG (SEMARAPURA)

16 km/20 Min. von Padang Bai mit dem Roller

Das provinzielle Städtchen (64 000 Ew.) war einst Sitz der ersten Könige von Bali. Davon zeugen im *Taman Gili* noch ein Palasttor, der *Bale Kembang* („schwimmender Pavillon") und die alte Gerichtshalle *Kertha Gosa* mit ihren kunstvollen Deckenmalereien im *Wayang*-Stil. Unter den für manchen Besucher verstörenden Darstellungen von himmlischen Freuden und höllischen Strafen wurde bis weit ins 20. Jh. hinein Recht gesprochen.

Ein kleines *Museum* dokumentiert die Geschichte und das Alltagsleben, der Rest des Palasts wurde bei der niederländischen Eroberung 1908 zerstört. Das *Denkmal* vor dem Komplex erinnert daran, dass der Hofstaat damals Selbstmord beging, um der Kolonialisierung zu entgehen.

INSIDER-TIPP **Tanzendes Zottelviech**

Jeden Samstag gegen 11 Uhr wird auf dem Gelände der *Barong*-Tanz gezeigt, bei dem zwei Männer in die Maske eines Ungetüms schlüpfen.

Zeit für ein Nickerchen bleibt in Tenganan trotz der Touristen immer …

Besonders schön ist der Blick auf Nusa Lembongan bei Sonnenuntergang

Tgl. 8–18 Uhr | Eintritt 50 000 Rp. | Jl. Puputan | 30 Min. | L5

NUSA LEMBONGAN

(L–M 6–7) **Die trockene ★ Insel, ca. 12 km östlich von Sanur und 15 km südwestlich von Padang Bai, ist eine Spielwiese für Taucher, Wellenreiter, Backpacker – und Investoren. Während sich die Unterkünfte vervielfachen, Surf- und Instagram-Tourismus ihren Einzug feiern, leben viele der rund 5000 Bewohner weiterhin vom Seegrasanbau.**

Lembongan zählt administrativ und geografisch zum Osten, der Tourismus gibt dir allerdings das Gefühl, wieder im Süden zu sein: Surfer knattern in Badehose und mit ihrem Brett auf dem Roller zu ihren Breaks, Australier kommen mit Kind und Kegel für ein verlängertes Wochenende, und große Katamarane laden Tagestouristen auf schwimmenden Badeinseln ab. Immerhin spielt sich der Trubel nur im Westen ab, der Osten gehört den Mangroven und der trockenen Wald- und Savannenlandschaft. Im Hauptdorf *Jungutbatu* findest du eine Arztpraxis, eine Post und einen Bankautomaten, der oft nicht funktioniert.

Sehenswürdigkeiten? Tempel gibt es schönere, und das im Dorf *Lembongan* gegrabene *unterirdische Haus (tgl. 8–17 Uhr | Eintritt 50 000 Rp.)* ist kaum der Rede wert. Warum also Lembongan? Wegen der Gewässer und Küsten! Die Tauchspots sind fabelhaft, die Brandung an den Steilklippen lässt dir den Atem stocken, ein langes Riff im Nordwesten sorgt für anspruchsvolle Surfbreaks. Um die Insel zu erkunden, mietest du am besten ein Moped. Im Nordosten fahren dich Boote durch die Mangroven, während du im Süden nur wenige Fahrminuten von den Beachclubs und Fotospots allein auf weiter Flur stehst – mit nichts als Meeresrauschen und ab und an dem Geruch von Seetang. Seetang? Jawohl, an manchen Stellen trocknen ganze Algenteppiche in der Sonne und stinken buchstäblich zum Himmel, nachdem sie auf den Feldern im Flachwasser der geschützten Buchten geerntet wurden. Dehydriert und auf dem Festland zu Pulver zermahlen, wandern die daraus gewonnenen Polysaccharide in Fleischwaren, Milchprodukte, Babynahrung und Süßigkeiten, Röntgen-Kontrastmittel, Pharmaprodukte und Kosmetika. Letztere kommen auch beim „Seaweed Body Treatment" im *Harumaya Day Spa* zur Anwendung, bei dem Abholung und Transport inklusive sind *(harumayadayspa.com)*.

INSIDER-TIPP **Algenpackung**

Du erreichst die Insel von Sanur aus mit dem Schnellboot *(ab 200 000 Rp. | lembonganfastboats.com)*. Auch von Padang Bai, Serangan und den Gilis *(gilitickets.com)* fahren Speedboote.

ESSEN & TRINKEN

SANDY BAY BEACH CLUB

Die kleine Bucht im Südosten ist perfekt, um mit einem Drink am Pool zu chillen oder für ein romantisches Abendessen am Strand. Abholservice. *Mi–Mo | Sandy Bay | Tel. 0877 43 29 17 00 | sandybaylembongan.com | €€€*

BLUE CORNER BAR

Zu Pubfood und Margaritas lässt du dich in blaue Sitzsäcke am Strand fallen. Statt Betonmauern schützen Pflanzen den Strandabschnitt vor Erosion durch die Brandung. Mittwochs ist Quizabend, manchmal gibt's Mottopartys und Musik vom DJ. *Tgl. | Blue Corner Beach | nördlich von Jungutbatu | Tel. 0823 41 30 84 80 | Facebook: BlueCornerBarLembongan | €*

SPORT & SPASS

Vor *Jungutbatu* gibt es drei populäre Surfspots – zur Freude der Strandbesucher, die so immer etwas zum Schauen haben. Hund, Heuschrecke und andere Asanas übst du in den Kursen von *Serenity Yoga (Puri Kirana Bungalows | Tel. 0811 3 88 84 72 | serenitybali.com)*.

Um *Nusa Ceningan* und *Nusa Penida* sind die Tauch- und Schnorchelmöglichkeiten exzellent. Kurse bieten u. a. *World Diving (Jungutbatu | Tel. 0812 3 90 06 86 | world-diving.com)* und *Big Fish (Jungutbatu | Tel. 0813 53 13 68 61 | bigfishdiving.com)*. Dabei stehen die Chancen gut, einen der urtümlichen Mondfische (Mola-Mola) zu sichten. Frag auch nach dem großen sitzenden Buddha, der umringt von kleinen Statuen und Stupas am Meeresboden meditiert.

INSIDER-TIPP **Tiefgründiger Buddha**

STRÄNDE

Fahr am besten Richtung Südwesten zum *Coconut Beach* oder zur *Mushroom Bay*, die auch gut mit dem Boot erreichbar ist. Zur *Sandy Bay* und zum wildromantischen *Dream Beach* gelangt man über holperige Straßen vom Dorf Lembongan aus. Hier krachen die Wellen schon deutlich stärker ans Ufer, sodass sich zum entspannten Planschen die Pools der örtlichen Beachclubs besser eignen, erst recht für Kinder.

RUND UM NUSA LEMBONGAN

8 NUSA CENINGAN

200 m / 1 Min. von Nusa Lembongan

Über eine schmale Brücke bringt dich ein Spaziergang auf die kleine Nachbarinsel. Hier siedelten sich die ersten Cafés und Resorts erst viel später als auf Nusa Lembongan an, entsprechend unerschlossen sind weite Teile der Insel geblieben. Fahr an den Westzipfel zur *Blue Lagoon*, und du wirst mit einem spektakulären Blick auf den Ozean belohnt, dessen Brandung hier krachend in die Bucht rollt.

INSIDER-TIPP **Luftnummer**

Mit einer gehörigen Portion Mut kannst du die östlich angrenzende Bucht mit einer Zipline überqueren, während unter dir die Wellen gegen den Fels wogen *(100 000 Rp.)*. L–M7

NUSA PENIDA

(M–N 7–8) **Lembongans große Nachbarinsel Nusa Penida (57 000 Ew.) galt bis vor Kurzem noch als Geheimtipp und ist vor allem für ihre erstklassigen Tauch- und Schnorchelgründe bekannt.**

Die meisten Balinesen meiden die Insel, denn der Legende nach lebt hier der böse Riese Jero Gede Mecaling. Ein- bis zweimal im Jahr, zum Tempelgeburtstag des *Pura Dalem Penataran Ped* in Toyapakeh, sollen Opfergaben den Dämon besänftigen. Zu *Galungan* gibt es eine große Prozession zur *Goa Karangsari*, einer riesigen Höhle südlich vom Hauptort Sampalan.

Seine gegenwärtige Popularität verdankt „#Penida" aber Instagram-Spots wie *Angel's Billabong* mit dem benachbarten *Broken Beach*, wo das Meer fotogen in die zerklüftete Küste drückt, sowie dem kleinen *Kelingking Beach* weiter südöstlich, der von einer steilen Felswand eingefasst ist. Tolle Ausblicke hast du auch von anderen Stellen entlang der schroffen Steilküste im Süden und Westen.

Dem rasant einsetzenden Hype war die marode Infrastruktur kaum gewachsen – Gästehäuser und Touranbieter vermehren sich mitunter schneller, als Straßen angelegt werden können. Von der Brücke zwischen Nusa Lembongan und Nusa Ceningan setzen Boote *(50 000 Rp.)* nach Toyapakeh über, Speedboote *(200 000 Rp. | u. a. balifastboats.com)* pendeln zwischen Nusa Penida, Sanur, Serangan und Gili Gede.

ESSEN & TRINKEN

PAPILA'S COFFEE HOUSE

Bei Papila kriegst du den besten Kaffee weit und breit, angebaut in verschiedenen Regionen Indonesiens, dazu Sandwiches, Donuts, aber auch Pasta oder Pizza. Clever: Hier kannst du Strohhalme aus Bambus kaufen. *Tgl. | Jl. Nusa Indah 53 | Kutampi | Tel. 0877 61 22 46 51 | papilascoffee.com*

SPORT & SPASS

Du kannst die Spots vor Nusa Penida von den Nachbarinseln oder auch von Padang Bai aus betauchen, aber wenn du eine lokale Basis bevorzugst, wende dich an *Blue Corner Dive (Jl. Raya Toyapakeh | Tel. 0812 36 55 55 03 | bluecornerdive.com)*, das von zwei Meeresbiologen auf Nusa Lembongan gemanagt wird und hier mit einer Filiale vertreten ist. Man legt großen Wert auf den Gewässerschutz und die Erforschung der marinen Fauna, auch die Ausbildung von Tauchneulingen ist fundiert.

STRÄNDE

Anders als an den Instagram-Spots Broken Beach und Kelingking Beach, die zum Baden nicht geeignet sind, planschst du in der strömungsgeschützten *Crystal Bay* im Westen im seichten Wasser. Einfache Stände unter Palmen sorgen für Verpflegung und Sonnenschirme. Aber meide die Wochenenden – dann wimmelt es hier von asiatischen Ausflüglern, und es wird schnell überlaufen.

Aus stationären Netzen direkt vor der Küste wird der Fang mit kleinen Booten eingeholt

LOMBOK

INSEL DER KONTRASTE

Lange lag Lombok im Schatten der Nachbarinsel Bali, doch mittlerweile interessieren sich immer mehr Touristen für eine der vielfältigsten Inseln Indonesiens. Sie erwarten – auch dank der Höhenlagen am Vulkan Rinjani, dessen Massiv die nördliche Hälfte einnimmt – nahezu alle Schattierungen einer tropischen Landschaft. Fruchtbare Reisterrassen, Palmen-, Bambushaine und Bergwälder ziehen sich die steilen Hänge hinauf – ein starker Kontrast zur trockenen Südküste.

In den Bergen Lomboks findet man noch vom Tourismus unberührte Dörfer

Aufeinander treffen nicht nur Regenwald und Savanne, sondern auch Religionen. Die Sasak sind konservative Muslime, die außerhalb der Touristenorte kaum Verständnis für Bikinis oder Alkohol aufbringen. Im dicht besiedelten Westen leben balinesische Hindus, die im 17. Jh. Lombok unterwarfen und Ende des 19. Jhs. selbst von den Niederländern bekämpft wurden. Nach Osten hin wird es nahezu untouristisch, ursprünglich und ja, auch ärmlich. Alles in allem also ein faszinierendes Ziel für Entdecker.

LOMBOK

MARCO POLO HIGHLIGHTS

★ **SÜDKÜSTE**
Freu dich auf Buchten mit weißem Sand und blauem Wasser ➤ S. 98

★ **SADE & RAMBITAN**
Willkommen in den traditionellen Sasak-Dörfern ➤ S. 99

★ **TETEBATU**
Natur und Ruhe zwischen Reisfeldern, Obstgärten und Wasserfällen ➤ S. 104

★ **SEKOTONG**
Paradies für Ruhebedürftige und Taucher: eine abgeschiedene Halbinsel und davor winzige Inselchen ➤ S. 100

★ **GUNUNG RINJANI**
Der mächtige Vulkan zieht mit seiner faszinierenden Landschaft nicht nur Bergsteiger an ➤ S. 110

★ **SUKARARA**
Das Weberdorf, in dem die Frauen golddurchwirkte *Songket*-Stoffe herstellen ➤ S. 104

Laut Bali
Kuno-Moschee 11
Bayan
Senaru
S. 108
12
Tiu-Kelep-Wasserfall
Sendang-Gila-Wasserfall
LOMBOK UTARA
Sembalun
Sembelia
Danau Segara Anak
13 Gunung Rinjani
LOMBOK TIMUR
Gunung Rinjani National Park
85 km, 2 ¼ Std.
Labuhan Lombok
Suela
INDONESIA
Aikmel
Wanasaba
Pringgabaya
7 Tetebatu
Montong Gading
Batukliang
Suralaga
Masbagik
Sikur
Selong
Kopang
Sakra
Praya Tengah
Praya
Sakra Barat
Selat Alas
Keruak
Mujur
Jerowaru
Pujut
1 Sade & Rambitan
Sunut
Ekas
Tanjung Aan
Kuta Lombok
S. 98
Südküste
10 km
6.21 mi

Nicht jeden Tag geht Kutas Fischern ein dicker Fang ins Netz

KUTA LOMBOK

(□ R9) **Im kargen Süden verstecken sich hinter einer hügeligen Savannenlandschaft malerische Buchten, die für Surfer und Strandfaulenzer perfekte Bedingungen bieten.**

Anders als der gleichnamige Ort auf Bali ist Kuta Lombok noch eher ruhig – doch wer weiß, wie lange noch? Zog es anfangs vor allem Backpacker und Surfer hierher, finden mittlerweile auch Familien und Honeymooner den Weg über karge Hügel und raue Klippen an die ★ *Südküste,* um in den einsamen Buchten, wo blaues Meer auf weißen Sand trifft, ein paar Tage Strandurlaub zu machen.

Da Senggigi weitgehend zugebaut ist, ziehen Investoren ihre Hotels und Restaurants nun fleißig im Süden der Insel hoch. Sogar eine MotoGP-Strecke wurde östlich des Orts aus dem Boden gestampft. Und es ist schon ein seltsames Bild, wenn ein Bauer seine Büffelherde vorbei an teuren Villen und raumgreifenden Baustellen zu den wenigen Weideflächen treibt, die unter der erbarmungslosen Sonne in der Trockenzeit noch nicht verödet sind. Zwischen den geschützten Buchten zeigt sich die zerklüftete Küste von der wildromantischen Seite, wenn sich die Wellen schäumend an den Felsen brechen.

INSIDER-TIPP
Das schlägt Wellen

ESSEN & TRINKEN

ASHTARI

Das populäre Restaurant mit Loungeatmosphäre liegt auf einem Hügel westlich des Zentrums und bietet einen phantastischen Blick auf die Bucht. Gemütliche Liegekissen, eine Bücherecke und indische sowie indonesische Leckereien sorgen dafür, dass man meist länger bleibt als geplant. *Tgl. | Jl. Raya Kuta-Mawun | Tel. 0811 3884838 | ashtarilombok.com | €€–€€€*

GULA'S GARDEN BAR & RESTAURANT

Eine romantische Adresse, wo du im lauschigen Garten solide westliche Küche genießen und dich dabei von einem sehr freundlichen Service umsorgen lassen kannst. *Tgl. | Jl. Pariwisata | Tel. 0818 05798169 | Facebook: gulasgardenlombok | €–€€*

SPORT & SPASS

Die bekanntesten Surfbuchten sind *Teluk Mawi* und *Selong Belanak* im Westen sowie *Gerupuk* und *Tanjung Aan* im Osten, und allesamt sind sie nur mit dem Roller oder Auto erreichbar. Bretter, Kurse und Touren dorthin sowie zu entfernteren Surfspots organisiert die *Kuta Lombok Surf School (Jl. Raya | Kuta-Mawun | Tel. 0823 39371218 | kutalomboksurfschool.com).* Tauchkurse und Touren zu den wenig besuchten, aber spektakulären Tauchspots im Süden Lomboks buchst du bei *Scuba Froggy (Jl. Raya Kuta-Mawun | Tel. 0878 64541402 | scubafroggy.com).*

STRÄNDE

Der *Pantai Kuta* direkt im Ort hat eine schöne Promenade, lädt aber nicht so sehr zum Baden ein. Anders dagegen der Strand in der geschwungenen Bucht *Teluk Mawun,* 10 km westlich. Weiter Richtung Westen gelangst du vorbei am Surfstrand *Teluk Mawi* zur Bucht von *Selong Belanak,* die zum Sonnenuntergang ein atemberaubendes Panorama bietet und auch gut zum Baden geeignet ist. Deinen Hunger stillst du in den Strandbistros oder im Restaurant *Laut Biru (tgl. | 0821 44303339 | sempiakvillas.com | €€).* Etwa 7 km östlich von Kuta liegt *Tanjung Aan,* dessen geschützter Sandstrand auch ideal zum Baden und Schnorcheln ist, während Liegen mit Sonnenschirmen etwas Schatten spenden.

FESTE

Zum Vollmond im Februar/März kommen die Einheimischen an Kutas Stränden zum *Bau-Nyale-Fest* zusammen, um nach rituellen Peresean-Stockkämpfen die seltenen Nyale-Würmer zu fangen, die sie rösten und verspeisen – ein Fruchtbarkeitsritual, bei dem viel geflirtet wird.

RUND UM KUTA LOMBOK

1 SADE & RAMBITAN ★

6 km/10 Min. von Kuta mit dem Roller

Nördlich von Kuta liegen das traditionelle Sasak-Dorf Sade und das kleinere Rambitan. Obwohl sie sehr kommerziell und auf den Verkauf von Souvenirs ausgerichtet sind, lässt sich aufgrund der traditionellen Bauweise doch erahnen, wie das ursprüngliche Dorfleben ausgesehen haben mag. Beim geführten Rundgang siehst du Häuser aus Lehm und Holz, die teils nur aus einem Raum bestehen und mit Gras gedeckt sind. Dazwischen stehen Reisspeicher, die mit ihren tief heruntergezogenen Dächern für unzählige Bungalowresorts Modell standen. Am Dorfeingang wird dir ein Führer zugewiesen, der dir etwas über die Sitten und Tabus der Sasak erzählen wird. Gib ihm etwas Geld für die Führung, aber nicht zu viel, denn es werden zusätzlich eine Spende für das Dorf und der Kauf von Souvenirs erwartet. ⏲ *30 Min.* | *🕮 R–S9*

SEKOTONG & SÜDLICHE GILIS

(🕮 P–Q 8–9) **Im Südwesten liegt die bergige ★ Sekotong-Halbinsel, zu der eine sich durch kleine Dörfer windende Straße führt. Vor der Nordküste Sekotongs kannst du auf mehr als einem Dutzend kleiner Inselchen mit tropischen Getaways urlauben.**

Die Südlichen, Kleinen oder Secret Gilis sind alles andere als geheim, aber mit ihren weißen Stränden, bunten Korallen und kristallklarem Wasser ein Paradies für Schnorchler und Taucher. Kleine Resorts an einsamen Buchten oder gar auf einsamen Inseln versprechen absolute Entschleunigung. Die meisten Inseln sind unbewohnt, nur auf *Gili Asahan* und *Gili Gede* findest du Dörfer, aber nichts, was auf Massentourismus hindeutet. Von den Hügelkuppen auf *Gili Gede* hast du am späten Nachmittag einen fabelhaften Blick auf die bergige Halbinsel und die umliegenden Eilande. Die Menschen in dieser Region leben in sehr bescheidenen Verhältnissen von Landwirtschaft, Perlenzucht oder Fischerei. Einige finden im Tourismus eine neue Perspektive. Es gibt nur wenige Einkaufsmöglichkeiten und oft nicht einmal Handyempfang.

Um die kurze Überfahrt mit dem Boot *(200 000–350 000 Rp.)* ab Tembowong oder Labuhan Poh kümmert sich deine Unterkunft, die du unbedingt vorab buchen solltest – für die spontane Zimmersuche eignen sich die Inseln ganz und gar nicht.

ESSEN & TRINKEN

NAUTILUS

Rustikal und doch chic. Hättest du gedacht, dass du an einem entlegenen Ort wie diesem ein Caférestaurant mit erstklassiger italienischer Küche vorfindest? Du musst nicht in der Gili Asahan Eco Lodge wohnen, um hier zu essen – schau einfach vorbei, z. B. während deiner Schnorcheltour mit dem Boot. *Tgl.* | *Gili Asahan Eco Lodge* | *Gili Asahan* | *Tel. 0813 39 60 47 79* | *giliasahan.com/nautilus-restaurant* | €€

LE TANJUNGAN

Ita aus Sumatra und Alain aus Frankreich servieren in ihrem liebevoll gestalteten Restaurant mit entspannter Musik und feinem Sand auf dem Boden hervorragende indonesische Kü-

Auf dem Markt in Mataram decken sich vor allem Sasak-Frauen mit Vorräten ein

che. Als echte Minangkabau macht Ita das beste *rendang* weit und breit: ausgiebig in Kokosmilch und Gewürzen gekochtes Fleisch, quasi das indonesische Gulasch. *Tgl. | im Südosten von Gili Gede | Tel. 0818 05 29 03 14 | €–€€*

SPORT & SPASS

Schnorcheltouren organisiert jede Unterkunft, professionelle Tauchausflüge und Kurse bietet *Scuba Froggy* in Kuta Lombok (s. S. 99) oder Senggigi (s. S. 107).

STRÄNDE

Viele der Inseln und Küstenabschnitte haben passable Sandstrände, einer der schönsten ist der *Layar Beach* auf Gili Layar, wo du an der Ostseite auf Höhe der Bungalows prima schnorcheln kannst.

MATARAM

(Q7) **Lomboks Hauptstadt zählt knapp eine halbe Million Einwohner und ist ein Konglomerat aus vier Städten, die nun ineinander übergehen: die alte Hafenstadt Ampenan, das chinesisch geprägte Cakranegara, das Marktstädtchen Sweta und das von Regierung und Verwaltung dominierte Mataram.**

Es reicht völlig, wenn du die Stadt auf der Durchreise besuchst oder aus dem nahen Senggigi zum Essen und Einkaufen hierher fährst. Natürlich kannst du hier auch wohnen, wenn du typische Touristenorte eher meidest. Mataram ist ein wenig wie Denpasar: eine weitläufige, nicht sehr fußgängerfreundliche Stadt, in der du Atmosphäre schnuppern und über trubelige Märkte schlendern kannst.

WOHIN ZUERST?

Mataram Mall: Von der Mall in der Jl. Pejanggik sind es 1,2 km bis zum Pura Meru, nimm ein Taxi oder den öffentlichen Minibus. Gleich gegenüber liegt der Taman Mayura (Zugang auf der Westseite). Zum Mandalika-Busbahnhof sind es noch mal 3,2 km weiter in östliche Richtung. Willst du zum Museum Nusa Tenggara Barat, fährst du von der Mall 4,5 km nach Westen, am besten durch die Jl. Sriwijaya.

SIGHTSEEING

PURA MERU

Ein balinesischer Prinz ließ 1720 den bis heute größten Hindutempel auf Lombok errichten. Der Weg ins Heiligtum führt durch zwei Vorhöfe in einen Innenhof mit 33 Heiligenschreinen. Drei verschieden hohe, in einer Reihe angeordnete Pagoden *(meru)* sind den hinduistischen Hauptgöttern Shiva, Brahma und Vishnu gewidmet. Richtig voll wird es hier zum Pujawali-Fest, das jedes Jahr zum Vollmond im Oktober stattfindet. *Tgl. 8–17 Uhr | Eintritt gegen Spende | Jl. Selaparang | Cakranegara | ⏲ 15 Min.*

TAMAN MAYURA

Balinesische Herrscher ließen 1744 den „schwimmenden Pavillon" in der Mitte eines Lotosteichs errichten. Er diente als Gerichtshalle und war Ende des 19. Jhs. Schauplatz einer großen Schlacht gegen die Niederländer. Leider wirken die Überreste der Anlage nicht sonderlich gepflegt. Interessant sind die architektonische Mischung aus hinduistischen und islamischen Elementen sowie die historische Bedeutung des Orts, die sich Laien jedoch nur mit Führer, der sich mit Glück am Eingang anbietet, erschließt. *Tgl. 8–17 Uhr | Eintritt 20 000 Rp. | Jl. Purbasari | Cakranegara | ⏲ 30 Min.*

MUSEUM NUSA TENGGARA BARAT

Das Provinzmuseum widmet sich Lombok und der Nachbarinsel Sumbawa. Zu sehen sind u. a. archäologische Funde, traditionelle Werkzeuge, Dolche, Textilien sowie Modelle und Texttafeln zur Geologie des Vulkans Rinjani. Achte auf die urtümliche Kleidung aus Rinde und groben Pflanzenfasern, die hier vor Einführung der Baumwollstoffe getragen wurde. *Di–Do, Sa/So 8–15, Fr 8–11 Uhr | Eintritt 7000 Rp. | Jl. Panji Tilar Negara 6 | Mataram | ⏲ 45 Min.*

INSIDER-TIPP
Das letzte Hemd

ESSEN & TRINKEN

LESEHAN TALIWANG IRAMA

Das Restaurant ist bei den Einheimischen wegen seiner authentischen Sasak-Küche sehr beliebt, angeblich gibt es hier das beste *Taliwang*-Hühnchen Lomboks. *Tgl. | Jl. Ade Irma Suryiani | Gang Salam 6 | Cakranegara | Tel. 0370 62 31 63 | €*

ROEMAH LANGKO

Gediegener und mit breiterer Auswahl isst du in diesem stimmungsvollen Restaurant, das u. a. sonst kaum

Steinerner Bewacher mit traditionellem Kopfputz am Taman Mayura

angebotene Sasak-Gerichte und Seafood serviert. *Tgl. | Jl. Langko 68 | Tel. 0370 63 00 80 | puteralombok.com | €€*

SHOPPEN

LOMBOK EPICENTRUM

Das größte Einkaufszentrum der Insel beherbergt auf vier Stockwerken lokale und internationale Food- und Fashion-Outlets sowie ein Multiplexkino. *Jl. Sriwijaya | lombokepicentrum.com*

RUND UM MATARAM

2 GUNUNG PENGSONG

6 km / 10 Min. von Mataram mit dem Roller

Auf einem Hügel südlich vom Zentrum hast du bei einem von frechen Affen bewohnten, verwunschen wirkenden Hindutempel aus dem 16. Jh. einen wunderschönen Rundblick über die von Reisfeldern bedeckte Ebene und bei klarer Sicht bis zum Gunung Rinjani. Besonders schön ist das warme Licht der Abend- oder Morgendämmerung, wobei der Sonnenaufgang fast noch besser ist. Um für eine glückliche Ernte zu beten, wird hier jedes Jahr im März/April ein Büffel geopfert. *Tgl. 7–18 Uhr | Eintritt gegen Spende | 30 Min. | Q8*

INSIDER-TIPP
Am besten im Dämmerlicht

3 BANYUMULEK

7 km / 10 Min. von Mataram mit dem Auto

Tonkrüge und Schilder mit „Art Shop“ am Straßenrand machen südöstlich von Mataram auf das Töpferdorf Banyumulek aufmerksam, dessen Tonwaren für ihr schlichtes Design berühmt sind und in die ganze Welt exportiert werden. Besonders bei den Krügen und Vasen sind richtige Schmuckstücke dabei. Wenn du morgens kommst und dich ein bisschen umhörst, kannst du zusehen, wie die Töpfer die Rohlinge brennen. *Q8*

4 SUKARARA ★

21 km/30 Min. von Mataram mit dem Auto

Rund 10 km südöstlich von Banyumulek führt dich eine Abzweigung ins Weberdorf Sukarara. Hier fabrizieren die Frauen – mit Webrahmen auf den ausgestreckten Beinen vor ihren Häusern sitzend – kunstvoll gearbeitete Stoffe, die in den Läden von Händlern oder Kooperativen verkauft werden. Vor allem die mit Goldfäden durchwirkten *Songket*-Stoffe kaufst du in dieser Qualität nirgends günstiger.

INSIDER-TIPP
Wo die Webrahmen klappern

Bei Kooperativen wie *Patuh* oder *Abadi* bekommst du häufig noch eine Führung hinter das Haus, wo die Stoffe entstehen. *R8*

5 PURA LINGSAR

7 km/10 Min. von Mataram mit dem Auto

Etwas östlich des Stadtzentrums stößt du südlich der Jl. Gora 2 auf eine 1714 errichtete Tempelanlage, in der Hindus genauso beten wie muslimische Wetu-Telu-Anhänger. Letztere hängen einer Mischreligion aus Islam, Animismus und Hinduismus an, die einst auf Lombok sehr verbreitet war, und verehren hier vulkanische Steine sowie heilige Aale. Es soll Glück bringen, diese Fische mit hart gekochten Eiern (vor Ort erhältlich) aus ihren Verstecken hervorzulocken – probier's ruhig aus!

INSIDER-TIPP
Glücksbringer

Sobald die Regenzeit begonnen hat, kommt es hier zum spielerischen *Perang Topat* (Krieg der Reispäckchen) zwischen Hindus und Sasak. *Tgl. 7–18 Uhr | Eintritt gegen Spende | 30 Min. | R7*

6 TAMAN NARMADA

11 km/20 Min. von Mataram mit dem Auto

Ein gutes Stück östlich von Mataram erstreckt sich der Narmada-Park, den der balinesische König Anak Agung Gede Ngurah 1727 zu Ehren des Gotts Shiva anlegen ließ. Um den Tempel *Pura Kalasa* herum entstand ein Lustgarten, der dem Vulkan Rinjani nachempfunden ist: Der große Pool stellt den Kratersee dar. Praktisch, denn als der König zu alt wurde, um den Rinjani zu erklimmen, konnte er so weiterhin Opferrituale am geheiligten Wasser durchführen. Das öffentliche *Schwimmbecken (Fr geschl. | 5000 Rp.)* macht die weitläufige Anlage zu einem beliebten Wochenendziel für Städter. *Tgl. 7–18 Uhr | Eintritt 10 000 Rp. | 30 Min. | R7*

7 TETEBATU ★

37 km/1 Std. von Mataram mit dem Auto

In einem Bambuspavillon mitten im Reisfeld die Beine baumeln lassen, am Wasserfall baden oder einfach schöne Spaziergänge unternehmen – hört sich gut an? Ist es auch! Kaum ein Ort überrascht so viele Reisende mit seiner ländlichen Idylle, gemütlichen

Gästehäusern und fabelhaften Wanderrouten und ist dabei so unbekannt geblieben wie Tetebatu. Das beschauliche Dorf auf 400 m Höhe inmitten von Reisterrassen und Tabakfeldern am südlichen Rand des Rinjani-Nationalparks war schon zu Kolonialzeiten wegen seiner herrlichen Lage und der milden Temperaturen als Ausflugsziel beliebt. Zugegeben, es kommen immer mehr Touristen, aber von Massentourismus ist Tetebatu noch weit entfernt. Der nahe *Affenwald* und Obstgärten, in denen zudem Kaffee, Kakao, Vanille und Nelken wachsen, laden zu Spaziergängen ein, die auch an Reisterrassen vorbei zu kleinen Wasserfällen führen können. Am besten, du verbringst hier ein, zwei Nächte und buchst über deine Unterkunft für 200 000–300 000 Rp. einen Guide, der dir den Weg zeigt und die Nutzpflanzen erklärt. *S7*

SENGGIGI

(Q7) **Kaum zu glauben, dass Lomboks größte Touristenenklave (5000 Ew.) mal ein Fischerdorf war! Heute dehnt sie sich kilometerweit über mehrere schön geschwungene Buchten aus, wo weiße Sandstrände und schicke Resorts besonders Familien, Honeymooner und ältere Reisende anlocken.**

Backpacker, Tauch- und Partytouristen zieht es längst auf die Gilis, daher ist es in Senggigi – erst recht im Vergleich zu Balis Touristenzentren – wieder ruhiger geworden. Vor allem die gute Lage zwischen den Fährhäfen von Lembar und Bangsal, der Hauptstadt Mataram und den Gilis trug dazu bei, dass sich Senggigi zum Urlaubsort par excellence auf Lombok entwickelte. Von hier aus lässt sich die Insel

Mannshoch stehen die Tabakstauden auf den Feldern bei Tetebatu

Viele Familien leben in Senggigi vom Tourismus

problemlos über Land oder zu Wasser entdecken, und wenn dir der Trubel auf Gili Trawangan und Gili Air zu viel, Gili Meno dagegen zu ruhig ist, unternimmst du deine Ausflüge zum Schnorcheln oder Tauchen einfach von Senggigi aus.

ESSEN & TRINKEN

COCO BEACH

Rund 2,5 km nördlich vom Ortskern stehen unter Palmen am Strand die gemütlichen Sitzpavillons, in denen du dir solide Hausmannskost mit Zutaten aus dem eigenen Garten und erfrischende Drinks schmecken lässt. Ideal zum Relaxen! *Tgl. | Pantai Kerandangan | Pintu 2 | Tel. 0821 44 68 33 00 | €*

ASMARA

Ob Sasak-Spezialitäten, Pasta oder Steak: eines der besten Restaurants im Ort im klassischen Stil, das mit Kindermenü und einer Spielecke bei Familien punktet. *Fr–Mi | Jl. Raya Senggigi | Tel. 0370 69 36 19| Facebook: asmara.restaurant.lombok | €€*

SQUARE

Das wohl schickste Restaurant in Senggigi liegt mitten im Zentrum und serviert dir in gediegenem Ambiente leckere indonesische und lomboktypische Kreationen von einem der besten Köche der Insel. Auch die Weinauswahl kann sich sehen lassen. *Tgl. | Jl. Raya Senggigi, km 8 | Tel. 0370 69 36 88 | Facebook: square.lombok | €€€*

TEMPTATIONS

Die Café-Bäckerei mit Delikatessenshop zaubert ein feines Frühstück und frische Mittagsküche. Nachmittags kannst du zum Kaffee die namensgebenden süßen Versuchungen probieren. *Tgl. | Jl. Palm Raja 3 | Batu Bolong | Tel. 0813 39 90 67 99 | temptations-lombok.com | €€*

SHOPPEN

ASMARA ART SHOP

Im Laden vor dem gleichnamigen Restaurant kannst du in Ruhe zwischen schönen Stoffen und Kunsthandwerk von guter Qualität stöbern. *Jl. Raya Senggigi*

PASAR SENI

Auf dem Souvenirmarkt am nördlichen Ende des Orts findest du Produkte aus Lombok, Bali und Java. Vieles ist Kitsch, aber ein paar hübsche Sachen sind darunter, z. B. kunstvoll verzierte Schälchen und Dosen.

SPORT & SPASS

Fast alle Tauchveranstalter haben ein Büro in Senggigi. Tauchkurse und -touren bietet *Scuba Froggy (Jl. Raya Senggigi km 5 | Tel. 0878 65 51 10 90 | scubafroggy.com).* Ausflüge an Land organisiert *E-one Tours & Travel (Jl. Raya Senggigi | vor dem Asmara Art Shop | Tel. 0819 33 17 23 56).*

STRÄNDE

Die Strände hier sind eher hell- bis dunkelgrau als pudrig-weiß. Am Strand im Ortskern ist es wegen der fliegenden Händler und der vielen Fischer- und Ausflugsboote recht unruhig. Am besten schwimmen lässt es sich am *Pantai Batu Bolong* vor dem Cafe Alberto, einsame Stunden unter Palmen verbringst du am *Pantai Kerandangan.* Nach Norden hin ist der Strand von *Mangsit* fast durchgängig von Hotels besetzt, doch in den Buchten *Malimbu* und *Nipah* finden sich noch ruhige, palmengesäumte Strandabschnitte. Einige Hotels vermieten Liegestühle und erwarten dafür einen gewissen Mindestverzehr – besonders beliebt ist das zum Sonnenuntergang.

WELLNESS

Entspannung gibt es in den Spas der großen Hotels: Besonders empfehlenswert sind die Anwendungen im *Sheraton Senggigi Beach (Jl. Raya Senggigi | Tel. 0370 69 33 33).* Ebenfalls sehr gute und viel günstigere Massagen bietet das einfache *Lemongrass Spa (Jl. Raya Senggigi | Tel. 0370 69 31 77).*

AUSGEHEN & FEIERN

INSIDER-TIPP **Nightfever**

Senggigi bietet ein reges Nachtleben. Jeden Abend gibt's Lomboks beste Livemusik, Bier und Cocktails im *Happy Café* *(Jl. Raya Senggigi | Zentrum),* später auch 300 m südlich im *Marina Café.*

RUND UM SENGGIGI

8 BATU BOLONG & BATU LAYAR

2 km / 5 Min. von Senggigi mit dem Roller

Auf der Straße nach Mataram kommst du auf einem Felsen hoch über der gleichnamigen Bucht am kleinen *Pura Batu Bolong (tgl. 7–18 Uhr | Eintritt frei* | *(⏱ 15 Min.)* vorbei. Der Tempel ist dem Schöpfergott Brahma geweiht, für den ein leerer Thron bereitsteht. Vor allem zu den Vollmondzeremonien kommen viele Hindus hierher.

Noch ein kurzes Stück weiter ist es bis zum nächsten Felsen, dem *Batu Layar*. Hier ist der muslimische Heilige Syeh Syayid Muhammad al Bagdadi begraben, der den Islam nach Lombok gebracht haben soll. Beides ist interessant, aber nichts, was du unbedingt gesehen haben musst. *Q7*

9 AUTORE PEARL CULTURE

18 km / 25 Min. von Senggigi mit dem Roller

Nördlich von Senggigi kannst du auf dem Weg von bzw. nach Bangsal (dem Fährhafen für die Gilis) oder Senaru eine der größten Perlenfarmen Lomboks besuchen. Bei der (nach Voranmeldung arrangierten) informativen Führung *(180 000 Rp.)* erfährst du alles über die langwierige und störanfällige Zucht von Perlaustern, für die sich Lomboks geschützte Buchten hervorragend eignen. Im Vergleich zu den einfacher zu gewinnenden Süßwasserperlen musst du dafür auch ein paar Scheine mehr auf den Tisch legen. *Tgl. 9–17 Uhr | Teluk Nare | Tel. 0813 39 92 00 20 | aurorepearls.com.au | ⏱ 45 Min. | R6*

10 LOMBOK WILDLIFE PARK

30 km / 1 Std. von Senggigi mit dem Auto

In dem schön angelegten Zoo mit Spazierwegen und naturnahen Gehegen siehst du außer den Sumatra-Elefanten die faszinierenden Orang-Utans, die gibbonartigen Siamang, Krokodile, ulkige Nasenaffen sowie exotische Papageien- und Nashornvögel. Auch Komodowarane werden hier gehalten. Gegen 16 Uhr kannst du beim Baden der Elefanten dabei sein und dich nass spritzen lassen. Nur vom Ritt auf den Dickhäutern und Fotos mit Orang-Utans ist abzuraten. *Tgl. 9–17 Uhr | Eintritt ab 200 000 Rp., Kinder ab 150 000 Rp. | Sigar Penjalin | lombokwildlifepark.com | ⏱ 1½–2 Std. | R6*

INSIDER-TIPP
Kalte Dusche

SENARU

(S6) **Das vom Bergtourismus geprägte Dorf am nördlichen Hang des Rinjani ist malerisch zwischen üppigen Reisterrassen, Gärten und Palmenhainen eingebettet und der wichtigste Ausgangspunkt für Besteigungen des Vulkans.**

Wer keine Gipfelstürmerambitionen mitbringt, kann hier die erfrischende Luft und die phantastische Aussicht genießen, Ausflüge durch Reisfelder und den Regenwald unternehmen oder sich in die traditionelle Lebensweise der Dorfbewohner einführen lassen. Das Dorf an sich ist unspektakulär und erstreckt sich weit die Straße hinauf. Erst am oberen Ende findest du das ursprüngliche Senaru: Hier leben die Menschen wie vor Jahrhunderten gemeinschaftlich in Bambushäusern mit Lehmboden, die mittlerweile allerdings mit Fernseher und Kühlschrank ausgestattet sind. Baustil,

Sieht harmloser aus, als er ist: der Gunung Rinjani

Sprache und Traditionen unterscheiden sich von den Sasak im Süden. Beim von Frauen aus dem Dorf geführten *Panorama Walk (280 000–450 000 Rp. je nach Personenzahl für 4–5 Std. inkl. Mittagessen | Tel. 0817 5 72 33 15 | rinjaniwomenadventure.com)* werden dir die traditionelle Lebensweise und ein Wasserfall gezeigt. Senaru war vom Erdbeben 2018 besonders schwer betroffen, da auch die Route zum Rinjani für ein Jahr gesperrt wurde und die Touristen wegblieben. Jeder vor Ort ausgegebene Touristen-Euro hilft deshalb auch Familien in finanzieller Notlage.

ESSEN & TRINKEN

PONDOK SENARU

Das Hotelrestaurant serviert solide indonesische Kost zu vernünftigen Preisen und kann mit einer grandiosen Aussicht in die Schlucht des Sendang-Gila-Wasserfalls auftrumpfen. *Tgl. | Tel. 0818 03 62 41 29 | €–€€*

SPORT & SPASS

Die meisten Touristen kommen nach Senaru, um den Gunung Rinjani zu besteigen. Je nach Route dauert die Tour 3–5 Tage und darf nur mit einem professionellen Führer unternommen werden. In der Regenzeit ist der Aufstieg meist zu gefährlich – dasselbe gilt, wenn der Vulkan zu aktiv ist. Touren organisieren diverse Anbieter wie *Rudy Trekker (Tel. 0818 03 65 28 74 | rudytrekker.com)* oder *Rinjani Women Adventure (Tel. 0817 5 72 33 15 | rinjaniwomenadventure.com),* die verhältnismäßig gute Unterkünfte betreiben oder vermitteln und dich aus jedem Ort in Lombok abholen – oft ohne Aufpreis. Zeit und Nerven sparst du mit einem Pauschalangebot, das Verpflegung, Träger, Ausrüstung usw. beinhaltet, wenn du dich einer bestehenden Gruppe anschließt, auch Geld. Die Kosten beginnen bei 2,5 Mio. Rp. (rund 150 Euro) pro Person (in einer großen Gruppe) und steigen mit weniger Teil-

Vom Hang des Gunung Rinjani rauscht der Sendang-Gila-Wasserfall ins Tal

nehmern, aber auch mit der Qualität der Ausstattung und Verpflegung.

RUND UM SENARU

11 KUNO-MOSCHEE

4 km / 10 Min. von Senaru mit dem Auto

Nordöstlich von Senaru steht im Ort Bayan die mit 300 Jahren älteste Moschee der Insel, erbaut aus Feldsteinen, Bambus und Lehm. Sie ist der wichtigste Gebetsort der letzten Wetu-Telu-Anhänger: Die Bewohner Bayans verstehen sich als direkte Nachfahren des Heiligen, der den Islam im 16. Jh. auf die Insel gebracht haben soll, und pflegen bis heute eine Mischung aus animistischen, hinduistischen und islamischen Traditionen. Der Hüter der Moschee erzählt dir gern Näheres, aber bring einen Guide oder Fahrer mit, der übersetzen kann. Mit etwas Glück kannst du im kleinen Shop auf der anderen Straßenseite den Frauen beim Weben traditioneller Stoffe zusehen und diese auch günstig kaufen. *Moschee tgl. 8–17 Uhr | Eintritt gegen Spende | ⏲ 15 Min. |* *S6*

12 SENDANG-GILA- & TIU-KELEP-WASSERFALL

1,5 km / 20 Min. bzw. 4,5 km / 1¼ Std. von Senaru zu Fuß

Unterhalb von Senaru donnert der 31 m hohe malerische Sendang-Gila-Wasserfall kraftvoll in zwei Stufen ins Tal. Der Fußweg von der Hauptstraße *(neben dem Restaurant Pondok Senaru | Eintritt 20 000 Rp.)* ist gut ausgebaut, führt jedoch zahlreiche Stufen hinab. Am Eingang drängen sich Guides auf, die du aber nur benötigst, wenn du weiter über einen steilen, glitschigen Pfad zum Tiu-Kelep-Wasserfall gehen möchtest. Achtung: Bei dieser Wanderung sind Badeschuhe mit Profil hilfreich, da du u. a. einen Bach durchwaten musst. *S6*

13 GUNUNG RINJANI ★

14–22 km / 2–3 Tage von Senaru zu Fuß

Der von den Einheimischen als heiliger Berg erachtete Rinjani ist mit 3726 m der zweithöchste Vulkan Indonesiens. Sein mächtiges Massiv bedeckt etwa die Hälfte Lomboks und stellt dich auch bei guter Kondition vor eine echte Herausforderung. Der Weg zum Krater führt durch den *Rinjani-Nationalpark (Eintritt 150 000 Rp. pro Tag)*, 41 000 ha groß mit üppigem Regenwald, bizarrer Vulkanlandschaft und einzigartiger Flora und Fauna – Wildschweinen, Zwerghirschen, Riesenechsen sowie seltenen Vögeln, Schmetterlingen und Pflanzen.

Beim anstrengenden Aufstieg kommst du an Höhlen und heißen Quellen vorbei, denen die Einheimischen magische Kräfte nachsagen. Im riesigen Krater liegt der bis zu 6 km breite, sichelförmige See *Segara Anak* („Kind des Meers"), daneben erhebt sich als Berg auf dem Berg der aktive *Gunung Baru*, der nach einem gewaltigen Ausbruch des Muttervulkans entstand. Zu kleineren Eruptionen kam es in den letzten Jahren immer wieder, verletzt wurde dabei niemand. Viel schlimmer war das Erdbeben von 2018, das viele Häuser in Nordlombok zerstört und die Wege zum Gipfel blockiert hat.

INSIDER-TIPP Shortcut

Ein solcher beginnt übrigens bei *Sembalun Lawang*, das von Erhebungen im Osten des Massivs eingerahmt wird und etwas näher am Gipfel liegt.

Nach der Sperrung des Gipfels und der Neuorganisation des Trekkingbetriebs wurde für Senaru und Sembalun ein Limit von jeweils 150 Bergsteigern pro Tag eingeführt. Auch um der Vermüllung Herr zu werden, die mit täglich bis zu tausend Besuchern zum Problem wurde. *R–T 6–7*

SCHÖNER SCHLAFEN AUF LOMBOK

AB AUF DIE INSEL

Abgeschieden, aber ohne auf die Annehmlichkeiten der Zivilisation verzichten zu müssen, urlaubst du im *Amahelia Luxury Resort (Tel. 0812 37 05 81 45 | amahelia.com | €€–€€€)*, einem freundlichen Getaway auf Gili Asahan. Hier wohnst du in einer von acht geschmackvoll eingerichteten, geräumigen Villen, schwimmst im Meer oder relaxt auf der Liege am Pool. Das Restaurant geht gern auf Sonderwünsche ein, und manchmal hat man die Anlage fast ganz für sich allein.

FERIEN IM REISFELD

Östlich von Senaru liegt inmitten der grünen Reisterrassen das deutsch-indonesisch geführte Refugium *Rinjani Mountain Garden (Teres Genit | Bayan | Tel. 0853 98 20 67 89 | rinjanigarden@hotmail.de | €€)* mit üppigem Garten, toller Aussicht, eigener Quelle, Naturschwimmbecken und frei laufenden Tieren. Tagsüber wanderst du zu Wasserfällen, abends tauschst du dich im Restaurant mit anderen Travellern aus. Sparfüchse übernachten in einfachen Hütten mit Gemeinschaftsbad, mehr Privatsphäre haben die fünf Zimmer in Cottages im Reisspeicherstil.

GILIS

PALMEN, STRAND UND COCKTAILSCHIRMCHEN

Wie Perlen liegen sie im Ozean: Gili Air, Gili Meno und Gili Trawangan. Drei flache Kleckse mit Palmen, Kasuarinen und kleinen Dörfern, gesäumt von Sandstränden und Korallenriffen. Ein Paradies für Faulenzer, Badenixen, Partylöwen, Taucher und alle auf der Suche nach tropischem Inselflair, ohne Abstriche bei Komfort oder Erreichbarkeit machen zu müssen.

Die Unterwasserwelt und der sich immer neu erfindende Tourismusbetrieb sorgen für zwei, drei ausgefüllte Tage. Selbst das schlimme

Gili Meno ist die Insel für alle, die Traumstrände und Ruhe suchen

Erdbeben von 2018 legte den Betrieb nur für ein, zwei Monate lahm – the show must go on. Obwohl nur ein Katzensprung von Lombok, wirken die Inseln seit Einführung der Schnellboote wie ein Satellit von Bali. Dabei sind die rund 4000 Bewohner muslimische Sasak und Bugis. Sie leben recht bescheiden und haben sich mit der Touristenflut arrangiert, die auch ökologische Probleme aufwirft. So muss Trinkwasser vom Festland importiert und der Müll zur Entsorgung dorthin gebracht werden.

GILIS

MARCO POLO HIGHLIGHTS

★ **OSTSTRAND VON GILI TRAWANGAN**
Strandlounge, Beer-Pong-Kneipe, Livebühne – hier feiern Partyfans bis zum Umfallen ➤ S. 117

★ **GILI-MENO-WAND**
Tropische Meeresbewohner und originelle Skulpturen faszinieren Schnorchler und Taucher ➤ S. 118

Lombok
Südoststrand
1 km, 8 Min.
1 km, 5 Min.
LOMBOK
UTARA
Gili Air
S. 119
Oststrand
4 km, 25 Min.
Selat Lombok
800 m
875 yd

Immerhin, statt Autos rollen hier Pferdewagen, Fahrräder und ein paar E-Roller. Und weil die inselnahen Korallen vom früheren Dynamitfischen stark mitgenommen waren, hat der Gili Eco Trust *(giliecotrust.com)* auf künstlichen Riffen neue angesiedelt. Nicht ganz unwichtig: Nimm dich vor den Kutschen in Acht, die sogenannten *cidomo* preschen gern rücksichtslos die Wege entlang! Zudem sind abends die Wege kaum beleuchtet. Schnellboote fahren ab Sanur, Padang Bai, Amed oder Nusa Lembongan *(1½–2 Std. | ab 30 Euro | gili-fastboat.com)*. Schneller geht's ab Senggigi, Gili Gede oder Bangsal. Zartbesaiteten wird im Schnellboot oft schnell übel – weniger brandungsanfällig sind die großen Boote von *Eka Jaya* *(baliekajaya.com)*. Schwangere und Familien mit Kleinkindern reisen besser via Lombok.

INSIDER-TIPP
Magenfreundlich!

GILI TRAWANGAN

(📖 p–r 2–5) **Viele landen als Erstes auf der größten und betriebsamsten Gili. Sie wird dem Ruf als Partyinsel gerecht, hat aber auch ruhige Plätzchen fernab vom Trubel.**

Am Oststrand kommst du dir angesichts des Spaliers der Tauchschulen, Restaurants und Shops und dem regen Boots- und Kutschenverkehr vor wie in einer Kleinstadt. Im Inselinneren und an den übrigen Stränden reift dann doch die Erkenntnis, dass du auch auf Trawangan problemlos Ruhe findest. Im Süden und Westen drehen die Strandbars zum Sonnenuntergang die Musik auf – einmal Sundowner mit Blick auf Bali ist schon ein Muss. Auf dem 72 m hohen *Bukit Trawangan* im Süden genießt du einen tollen Panoramablick ganz ohne Instagram-Schaukeln und Bestellzwang.

INSIDER-TIPP
Hillbilly

ESSEN & TRINKEN

MY HOUSE

Unter der Regie eines Italieners wird mit Herz und Seele gekocht, und das schmeckt man. Wie wär's mit Gnocchi bolognese, hausgemachter Pizza aus dem Steinofen oder Nudeln sizilianischer Art? Auch das Tiramisu und andere Nachspeisen schmecken ganz wie im mediterranen Stiefel. *Tgl. | Jl. Ikan Kakatua | Tel. 0818 03 61 32 88 | €€*

KAYU CAFÉ

In dem Café-Bistro beginnst du den Tag mit frisch belegten Broten, bunten Salaten und gesunden Smoothies oder kommst am Nachmittag für Kaffee und Kuchen. *Tgl. | Jl. Pantai | Tel. 0878 62 39 13 08 | Facebook | €€*

NIGHT MARKET (PASAR SENI)

Nach Sonnenuntergang kannst du dich an zahlreichen Essensständen durch die indonesische Küche und gegrilltes Seafood probieren. *Tgl. ab 17.30 Uhr | südliche Jl. Pantai | €*

Die Boote bringen nicht nur Touristen, sondern auch fast alle Lebensmittel auf die Gilis

SPORT & SPASS

Rund um die Insel verteilen sich Schnorchel- und Tauchspots, an denen Schildkröten, Mantarochen und sogar kleine Haie gesichtet werden. Auf Höhe der Eisdiele nördlich der Pearl Beach Lounge wurde etwa 50 m vom Ufer entfernt ein Motorrad als Struktur für Korallen in 6 m Tiefe versenkt. Tauchen kannst du u. a. mit *Dream Divers (deutschsprachige Kurse | Tel. 0812 3 75 45 83 | dreamdivers.com), Blue Marlin Dive (bluemarlindive.com)* und *Manta Dive (Tel. 0812 37 88 93 78 | manta-dive.com)*. Freedive Gili bringt dir sogar das Apnoetauchen bei *(freedivegili.com)*.

INSIDER-TIPP Halt mal die Luft an!

Gili Yoga (giliyoga.com) und *Soraya Yoga (sorayayoga.com)* halten dich mit Yoga fit, die nette Marki *(Tel. 0819 07 84 52 03)* zeigt dir die Asanas auch am Strand oder auf dem SUP-Board.

Für Abwechslung sorgen auch eine *Minigolfanlage (tgl. 12–23 Uhr | Runde 50 000 Rp. | Jl. Nautilus | giligolf.com)* oder ein Silberschmiedekurs bei *Yin Jewelry for the Soul (2 x tgl. | Jl. Pantai | yinjewelryforthesoul.com)*.

STRÄNDE

Die Insel hat viele Strände, aber am schönsten und saubersten ist es am *Pearl Beach* vor dem gleichnamigen Resort an der Südostküste. Hier lohnt es sich, eine Liege mit Schirm zu mieten *(bei Mindestverzehr an der Strandbar kostenlos)*.

AUSGEHEN & FEIERN

Am ★ *Oststrand* ist vom Beer-Bucket bis zum gediegenen Cocktail alles vertreten. Ein Partyplan legt fest, wo nach 1 Uhr weitergefeiert werden darf: montags im *Blue Marlin,* dienstags in der *Lava Bar,* samstags im *Sama-Sama* und sonntags in der *Evolution Bar.* Zudem gibt's Schaumpartys am Pool des *Mad Monkey.* Im Ramadan geht es ruhiger zu, aber es hat auch schon Kopfhörerpartys gegeben.

GILI MENO

(🕮 s–u 1–3) **Gili Meno, die kleinste der drei Inseln, ist ein Ruhepol. Ein Ort, an dem es buchstäblich nichts zu tun gibt (außer Tauchen und Schnorcheln natürlich) und zwischen locker verteilten Bungalowanlagen noch ein Hauch von Robinson-Atmosphäre aufkommt.**
Shopping? Nachtleben? Fehlanzeige. Weniger ist manchmal eben mehr. In einer guten Stunde hast du die Insel umschritten, wobei der von Mangroven umstandene *Salzsee* im Westen den Abstecher wert ist – vielleicht erspähst du ein paar Wasservögel. An der kleinen Schildkrötenstation am Südoststrand können Babyschildkröten gegen eine Spende freigelassen werden, was einige Artenschützer jedoch kritisch sehen.

ESSEN & TRINKEN

DIANA CAFÉ

Im liebevoll mit Treibholz, Muscheln und Korallen dekorierten Strandbistro hat man allerbesten Ausblick auf den Sonnenuntergang, dazu gibt's kühles Bier, gegrillten Fisch und Reggae. *Tgl. | Weststrand | kein Tel. | €*

SPORT & SPASS

Für Taucher und Schnorchler ist die ★ *Gili-Meno-Wand* im Nordwesten mit seltenen Korallen, Fischen und

Unterwasser-Kunst: Vor Gili Menos Küste ist The Nest ein faszinierendes Tauchziel

Meeresschildkröten die Attraktion. Frag außerdem nach dem *Nest:* Direkt vor der Westküste triffst du am Meeresgrund auf kreisförmig angeordnete menschliche Skulpturen – ein buchstäblich tiefgründiges Kunstwerk mit Öko-Message. Alle Tauchcenter auf den Gilis bieten Touren nach Gili Meno an, auf der Insel selbst gibt es *Blue Marlin Dive (bluemarlindive.com)* und *Divine Divers (Tel. 0852 40 57 07 77 | divinedivers.com)*. Schnorchelausflüge organisieren fast alle Unterkünfte.

STRÄNDE

Der schönste Strand breitet sich direkt vor der Ruine des Gazebo Meno im Südosten aus, wo der Sand besonders hell und fein und der Meeresgrund nicht zu steinig ist.

GILI AIR

(s–u 4–6) **Ist dir auf Trawangan zu viel und auf Meno zu wenig los, dann ist Gili Air genau das Richtige für dich. Keine Partys, aber Dorfleben. Keine Haute Cuisine, aber weit mehr als nur Fischbarbecue.**

Die Insel ist im Verhältnis zu ihrer Fläche sehr dicht besiedelt, vor allem im Süden, wo das von Gassen durchzogene Dorf fast wie ein Labyrinth wirkt. Ein Spaziergang um die Insel dauert zwei Stunden, querfeldein läuft (und radelt) es sich angenehmer und schattiger. Schwimmen und schnorcheln kannst du am besten im Südosten.

ESSEN & TRINKEN

PITUQ CAFÉ

Die kreativen, durchweg veganen Leckereien, die hier unter dem Bambusdach serviert werden, überzeugen. Selbst Fleischgerichte wie Sate oder Rendang gelingen ganz ohne tierische Zutaten. Von den Einnahmen werden soziale Projekte gefördert. *Tgl. | im Nordosten | Tel. 0812 36 77 42 57 | pituq.com | €€*

MOWIE'S

Lässiges Strandrestaurant mit Sitzkissen, gesunden Sandwiches und Powerdrinks, auch vegetarischen Gerichten und Raw Food. Aber das Beste: der Blick auf den Sonnenuntergang. *Tgl. | im Südwesten der Insel | Tel. 0812 36 65 72 25 | mowiesgiliair.com | €€*

SPORT & SPASS

Die meisten Unterkünfte organisieren Schnorchel- und Angelausflüge. Die drei großen bei Gili Trawangan genannten Tauchschulen (s. S. 117) sind auch auf Gili Air vertreten. Bei *H_2O Yoga (h2oyogaandmeditation.com)* im Inselosten wird Yoga und Meditation betrieben, bei *Gili Cooking Classes (3 x tgl. | Tel. 0878 21 57 01 88 | gilicookingclasses.com)* im Süden gemeinsam gekocht. Köpfchen ist im *Escape Room Gili Air (escaperoomgiliair.com)* gefragt.

STRÄNDE

Der beste Badestrand liegt im Osten, und zwar auf Höhe des *Scallywags Beach Club*. Wenn du hier etwas verzehrst, sind die Sonnenschirme gratis.

ERLEBNIS TOUREN

Lust, die Besonderheiten der Region zu entdecken? Dann sind die Erlebnistouren genau das Richtige für dich! Ganz einfach wird es mit der MARCO POLO Touren-App: Die Tour über den QR-Code aufs Smartphone laden – und auch offline die perfekte Orientierung haben.

1 BALI, LOMBOK UND DIE GILIS – EIN BISSCHEN WAS VON ALLEM

- Touristenzentren und traditionelle Dörfer
- Tempel, Reisterrassen und Vulkane
- Traumstrände und exotische Tauchspots

Start: Seminyak

Ziel: Selong Belanak

Strecke: 485 km

12 Tage, reine Fahrzeit 15 Stunden

Die Überfahrt von 17 **Padang Bai** zur Gili Meno im Voraus buchen!

Die Ladenbesitzer in Seminyak sind wahre Dekokünstler

ANKOMMEN UND ATMOSPHÄRE SCHNUPPERN

Um anzukommen, ist ❶ Seminyak ➤ S. 46 ideal. Kurier deinen Jetlag bei einem Bummel entlang der Boutiquen und Cafés in der Jl. Kayu Aya, saug die Atmosphäre bei einem Strandspaziergang auf und genieß deinen ersten Sundowner im legendären Ku De Ta ➤ S. 48. Neben erstklassiger Musik gibt es dort vorzügliches Essen. Richtig ausschlafen kannst du dich in Tony's Villas & Resort *(balitonys.com)*, wo du für zwei Nächte eincheckst.

Am nächsten Tag machst du einen Ausflug auf die Bukit-Halbinsel ➤ S. 58 zu den Buchten ❷ Padang-Padang ➤ S. 61 und ❸ Suluban ➤ S. 61, wo du von der Steilküste aus den besten Surfern der Insel zusehen kannst. Vor Sonnenuntergang solltest du den Tempel ❹ Pura Luhur Uluwatu ➤ S. 59 ansteuern, der spektakulär auf den Klippen thront. Hier lässt du dich vom allabendlichen *Kecak*-Tanz vor dem Hintergrund der untergehenden Sonne in den Bann ziehen – falls es nicht zu voll ist und du einen guten Sitzplatz ergattert hast. Auf dem Rückweg schlenderst du in ❺ Kuta ➤ S. 42 über die Souvenirmeile und erkundest später die Clubs und Bars in ❻ Petitenget.

TAG 1–2

❶ Seminyak

35 km 45 min

❷ Padang-Padang

2 km 35 min

❸ Suluban

3 km 5 min

❹ Pura Luhur Uluwatu

24 km 20 min

❺ Kuta

8 km 30 min

❻ Petitenget

TAG 3-4

40 km 45 min

⑦ Ubud

14 km 2 Std. 30 min

⑧ Goa Gajah

3 km 10 min

⑨ Pura Penataran Sasih

13 km 20 min

⑩ Gunung Kawi

2 km 5 min

⑪ Tirta Empul

7 km 10 min

⑫ Tegallalang

DAS SPIRITUELLE HERZ BALIS

⑦ Ubud ➤ S. 66, Balis Kultur- und Wellnesszentrum, erreichst du mit den Öffis oder per Taxi ➤ S. 136. Nach einem Besuch im Museum **Puri Lukisan ➤ S. 68** spazierst du zum **Joglo Organik** *(tgl. | 0813 37 53 81 19 | €€)*, um inmitten von Reisfeldern köstliche Biogerichte zu probieren. *Ein Rundweg* führt zum **Ubud Sari Health Resort** *(Jl. Kaleng 35 | Tel. 0361 97 43 93 | ubudsari.com)*, wo du dich in einem Gartenpavillon massieren lassen kannst. Sichere dir in der Touristeninformation Karten für eine abendliche Tanzvorführung oder eine der anderen Veranstaltungen im **Puri Saren ➤ S. 67**, bevor du dein Zimmer für die kommenden beiden Nächte im **Tjampuhan Hotel** *(tjampuhanbali.com)* beziehst. Am nächsten Tag steuerst du mit einem fahrbaren Untersatz die Elefantenhöhle **⑧ Goa Gajah ➤ S. 72**, den **⑨ Pura Penataran Sasih ➤ S. 73** in der alten Königsstadt Pejeng, die mystische Grabstätte **⑩ Gunung Kawi ➤ S. 73** und schließlich die heiligen Quellen **⑪ Tirta Empul ➤ S. 73** an. Zurück fährst du *über die Reisterrassen* von **⑫ Tegallalang ➤ S. 73**, die als Fotospot berühmt geworden sind. Hier kannst du dich und andere an diversen Requisiten fotografieren und auf einen Kaffee einkehren.

TAG 5

41 km 1 Std. 20 min

⑬ Penelokan

20 km 25 min

⑭ Pura Besakih

21 km 25 min

⑮ Warung Ume Anyar

15 km 20 min

⑯ Klungkung

17 km 15 min

⑰ Padang Bai

HOCH IN DIE BERGE

Ein Auto mit Fahrer bringt dich am nächsten Tag nach **⑬ Penelokan ➤ S. 74.** Ein Ort mit vielen Straßenbistros, von denen du einen tollen Blick auf die Caldera des aktiven Vulkans Gunung Batur ➤ S. 74 hast. *Über Bergstraßen* geht es zum **⑭ Pura Besakih ➤ S. 85** *am Hang des Gunung Agung ➤ S. 85. Eine kurvenreiche Straße führt von hier nach* **Sidemen**, wo du bei einem rustikalen Mittagessen im **⑮ Warung Ume Anyar** *(tgl. | Tel. 0852 38 72 71 99 | €)* traumhafte Blicke über tiefgrüne Reisterrassen genießt. *Weiter südlich* solltest du dir bei einem Bummel durch **⑯ Klungkung ➤ S. 89** die alte Gerichtshalle **Kertha Gosa ➤ S. 89** mit ihren schaurig-phantastischen Deckenmalereien ansehen. Entspann dich am Abend in Spa und Restaurant deiner Unterkunft, des hoch über **⑰ Padang Bai ➤ S. 88** gelegenen **Bloo Lagoon Eco Village** *(bloolagoon.com)*.

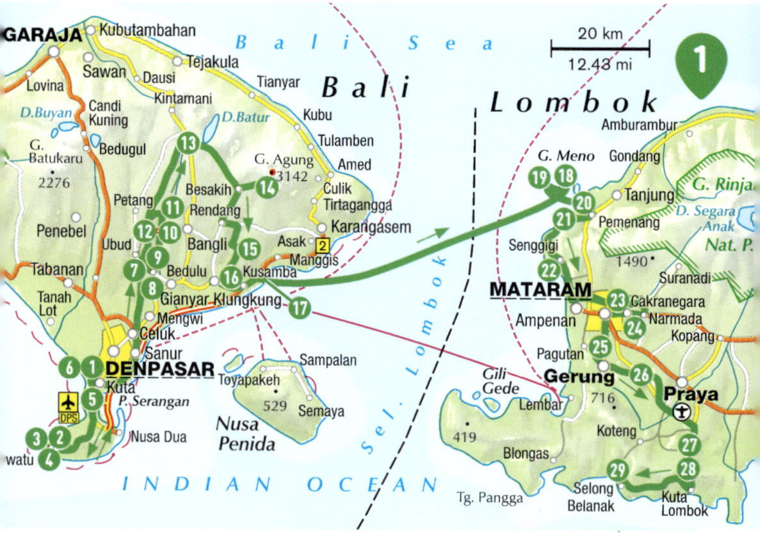

TAUCHEN UND FEIERN AUF DEN GILIS

TAG 6-7

68 km 1 Std. 10 min

⑱ Gili Meno

Am Morgen setzt du vom **Fährhafen** mit einem Schnellboot nach ⑱ **Gili Meno** ➤ S. 118 über. Hier lässt es sich wunderbar entspannen, besonders schön in der **Villa Sayang** *(villasayanggilimeno.com)*, wo du zwei Nächte bleibst. Schließ dich am nächsten Tag einer Tauchtour an: Die Skipper wissen, wo es die schönsten Korallen oder Meeresschildkröten gibt.

TAG 8

5 km 15 min

⑲ Gili Trawangan

Zur Nachbarinsel ⑲ **Gili Trawangan** ➤ S. 116 nimmst du am Morgen das Fährboot. Check in der **La Cocoteraie Ecolodge** *(lacocoteraiegili.com)* ein. Bevor du abends durch die Bars tingelst, kannst du um die Insel radeln und zum Sonnenuntergang an der **Westseite** einen Schnappschuss von dir auf einer Meeresschaukel machen.

PERLEN, KUNSTHANDWERK UND TRADITIONEN

TAG 9

12 km 20 min

⑳ Bangsal

INSIDER-TIPP
Bird is the word

Nächstes Ziel: **Lombok**. Die Boote laufen ⑳ **Bangsal** an, wo du in ein Taxi steigst. Die mit Taxameter operierenden Taxis von *Blue Bird* sind auf Kurzstrecken günstiger als die Privatfahrer am Hafen. Du findest sie ein paar Gehminuten die Straße

6 km 10 min
㉑ Autore
20 km 15 min
㉒ Senggigi

hinunter. Alles über die Zucht von Südseeperlen erfährst du bei der Besichtigung der Perlenfarm ㉑ **Autore ➤ S. 108**, bei der du auf der Fahrt nach ㉒ **Senggigi ➤ S. 105** einen Zwischenstopp einlegst. Verbring den Nachmittag am **Strand** oder am Pool und spendier dir zum Sonnenuntergang ein Abendessen in den edlen **Qunci Villas** *(quncivillas.com)*, wo du auch übernachtest. Noch nicht müde? Gute Livemusik gibt's im **Happy Café ➤ S. 107** an der Hauptstraße.

TAG 10-12
29 km 30 min
㉓ Pura Lingsar
5 km 5 min
㉔ Taman Narmada
16 km 15 min
㉕ Banyumulek
16 km 15 min
㉖ Sukarara
18 km 20 min
㉗ Rambitan
1 km 5 min
㉘ Sade
24 km 25 min
㉙ Selong Belanak

Der Chauffeur, den du samt Auto anheuerst, bringt dich heute zum Hindutempel ㉓ **Pura Lingsar ➤ S. 104** und zum einstigen Wasserpalast ㉔ **Taman Narmada ➤ S. 104**. Von dort geht es erst zu den Kunsthandwerkerdörfern ㉕ **Banyumulek ➤ S. 103** und ㉖ **Sukarara ➤ S. 104**, wo du an die Mitbringsel denken und günstig Tonwaren sowie Webstoffe kaufen kannst, dann weiter zu den traditionellen Sasak-Dörfern ㉗ **Rambitan ➤ S. 99** und ㉘ **Sade ➤ S. 99**. Dort erfährst du, wie bescheiden Lomboks Ureinwohner lebten. Von hier lässt du dich wieder *Richtung Norden fahren, bis hinter Sengkol eine Straße in Richtung* ㉙ **Selong Belanak ➤ S. 99** *abgeht*. Ziel erreicht: Freu dich an diesem Traumstrand auf ein leckeres Abendessen und zwei ruhige Nächte und relaxte Strandtage in den **Sempiak Villas** *(sempiakvillas.com)*.

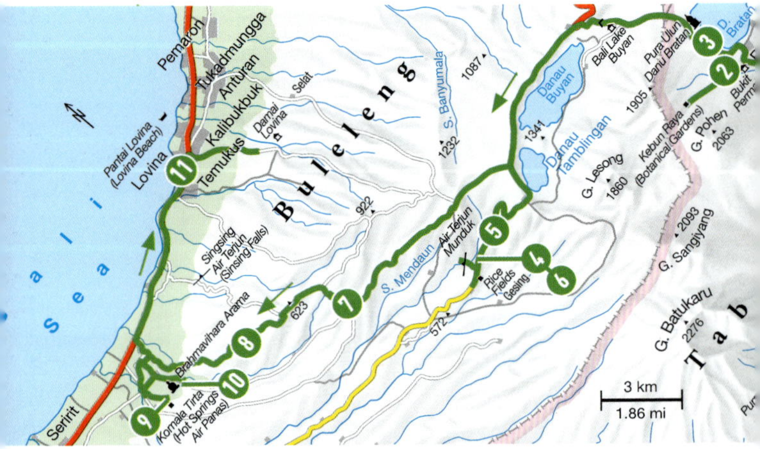

❷ AKTIV IM HOCHLAND

- Die Seenlandschaften des Hochlands genießen
- Durch Gärten und Plantagen wandern, durch Dörfer radeln
- Bei einer Massage entspannen und im Kloster meditieren

Start: Ubud | Ziel: Lovina

Strecke: 113 km | Dauer: 2 Tage, reine Fahrzeit 4 Stunden

Mitnehmen: Moskitoschutz, Trinkwasser
Guide für den ❺ **Tanah-Barak-Wasserfall** im Voraus über die ❻ **Puri Lumbung Cottages** buchen!

DURCH OBSTGÄRTEN ZUR SEEGÖTTIN

Dein Fahrer wartet bereits früh in ❶ Ubud ➤ S. 66 auf dich und bringt dich *Richtung Norden* an Reisfeldern und Obstplantagen vorbei bis ❷ Candikuning ➤ S. 76 auf rund 1500 m Höhe. Die Gegend gilt als landwirtschaftliches Herz Balis, da wegen des kühlen Bergklimas Obst, Gemüse, Gewürzpflanzen und Blumen hier besonders gut gedeihen. Nimm dir Zeit und probier

TAG 1

❶ **Ubud**

43 km 35 min

❷ **Candikuning**

4 km 5 min

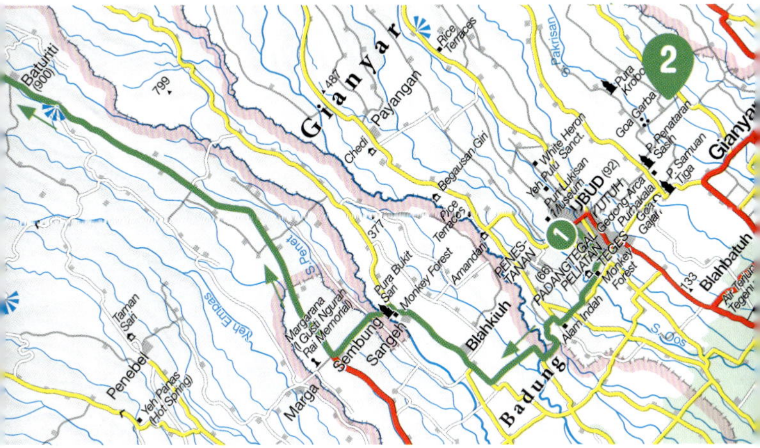

Durch schattige Plantagen führt der Weg zum Tanah-Barak-Wasserfall

auf dem **Dorfmarkt** *(tgl.)* frische Früchte. Für eine Snackpause bietet sich das gemütliche **Eat Drink Love Cafe** *(tgl. | eatdrinklove.id | €)* am Marktplatz an. Die Beine vertrittst du dir anschließend im **Botanischen Garten ➤ S. 76**. *Etwas weiter die Hauptstraße hinunter* ist der ❸ **Pura Ulun Danu Bratan ➤ S. 75** nicht zu verfehlen. Sein elfstufiger Tempelschrein spiegelt sich bei klarem Wetter vor der imposanten Bergkulisse im See. Die Balinesen bitten hier die Seegöttin um Wasser für ihre Felder.

Fahr 6 km weiter Richtung Norden und bieg bei Wanagiri links zum Danau Buyan und Danau Tamblingan ➤ S. 77 ab. Die schmale Straße führt oberhalb des Nordufers, das von Kaffee- und Obstplantagen gesäumt ist, an den idyllischen Seen entlang. Im Süden ragen die Ausläufer des Gunung Batukaru ➤ S. 71 auf, im Norden reicht der Blick an einigen Stellen bis hinunter zum Meer. Dein Ziel ist das Dörfchen **Munduk ➤ S. 77**, wo du in den wunderschön gelegenen ❹ **Puri Lumbung Cottages** *(purilumbung.com)* absteigst. Zum Abschluss des Tags wartet dort ein balinesisches Dinner auf dich.

❸ Pura Ulun Danu Bratan

20 km 20 min

❹ Puri Lumbung Cottages

TAG 2

2 km 30 min

❺ Tanah-Barak-Wasserfall

2 km 30 min

❻ Puri Lumbung Cottages

UNTERM WASSERFALL BADEN …

In der Kühle des nächsten Morgens wanderst du mit einem Guide durch Kaffee-, Vanille-, Nelken- und Avocadoplantagen zum ❺ **Tanah-Barak-Wasserfall** *(Eintritt 20 000 Rp.)*. Aus 15 m Höhe stürzt das Wasser in den natürlichen Pool – eine herrliche Erfrischung. Auf dem Rückweg der rund dreistündigen Wanderung bittest du deinen Guide, dir zu erklären, wie das mit dem Reisanbau funktioniert. Zurück in den ❻ **Puri Lumbung Cottages** macht dich eine balinesische Massage fit für die nächste Bewegungseinheit.

... PER RAD ZU HEISSEN QUELLEN ...

Dazu schwingst du dich aufs Fahrrad und radelst mit einem Guide, z. B. von *Munduk Wilderness (mundukwilderness.com)*, durch traditionelle Dörfer wie ⑦ **Pedawa** und ⑧ **Sidetapa**, wo du bei der Herstellung von Palmzucker und Kunsthandwerk aus Bambus zusehen kannst. Durch tiefgrüne Reisterrassen und Wälder geht die rund dreistündige Tour *weiter abwärts* bis zu den heißen Quellen von ⑨ **Banjar** ➤ S. 77. Dort erwartet dich bereits dein Fahrer samt Gepäck. Pack spätestens hier dein Lunchpaket aus, das du dir im Hotel hast mitgeben lassen, und entspann dich bei einem Bad im warmen, schwefelhaltigen Wasser – es soll eine heilsame Wirkung haben.

... UND AB INS KLOSTER

Nur zehn Autominuten entfernt liegt Balis einziges buddhistisches Kloster ⑩ **Brahmavihara Arama** ➤ S. 77. Ein schöner Ort, um zu meditieren oder einfach die Stille und den Blick aufs Meer zu genießen. Bis nach ⑪ **Lovina** ➤ S. 74 mit seinen schwarzen Sandstränden ist es nun nicht mehr weit. Freu dich auf Dinner und Übernachtung in den **Sawah Lovina Bungalows** *(sawah-lovina.com)*.

16 km 1 Std. 45 min
⑦ Pedawa
5 km 25 min
⑧ Sidetapa
8 km 30 min
⑨ Banjar
3 km 10 min
⑩ Brahmavihara Arama
11 km 15 min
⑪ Lovina

③ MYSTISCHE TEMPEL, REISKULTUR UND EIN VULKAN

- ➤ Alles über das balinesische Reisanbausystem
- ➤ Ein mystischer Bergtempel auf Balis zweithöchstem Vulkan
- ➤ Magisch: der Tanah Lot bei Sonnenuntergang

Start: Seminyak
Ziel: Seminyak
120 km
1 Tag, reine Fahrzeit 4 Stunden

In der Region um ⑤ **Jatiluwih** können die Straßen insbesondere nach starken Regenfällen unterspült und in schlechtem Zustand sein. Vorsichtig fahren!

❶ **Seminyak**

20 km 30 min

❷ **Pura Taman Ayun**

8 km 10 min

❸ **Subak-Museum**

23 km 30 min

❹ **Pura Luhur Batukaru**

9 km 20 min

❺ **Jatiluwih**

KÖNIGSTEMPEL UND DIE KUNST DES REISANBAUS

Nichts für Langschläfer: Von ❶ **Seminyak ➤ S. 46** geht es schon früh am Morgen im Mietwagen samt Fahrer nach **Mengwi ➤ S. 50** zum 1634 gegründeten ❷ **Pura Taman Ayun ➤ S. 51**. Der Tempel der Königsfamilie von Mengwi ist von einem Wassergraben voller Lotosblumen umgeben. Der frühe Aufbruch hat sich gelohnt, denn so kannst du in Ruhe den Garten genießen, bevor die Reisegruppen eintreffen. Weiter geht es *Richtung Tabanan ➤ S. 50*. Die Umgebung des Handelsstädtchens ist als Reiskammer Balis bekannt. Hier liegt das ❸ **Subak-Museum ➤ S. 50**, in dem der Reisanbau und das komplexe Bewässerungssystem erklärt werden.

VULKAN MIT HEILIGTUM

Von Tabanan führt eine Straße in den Norden auf den üppig bewachsenen **Batukaru ➤ S. 71**, Balis zweithöchsten Vulkan. Auf 825 m Höhe versteckt sich im Dschungel der mystische Tempel ❹ **Pura Luhur Batukaru**, einer der sechs heiligsten Tempel Balis. Die Schreine sind dem Berggott sowie den Geistern des Bratan- ➤ S. 75, Buyan- und Tamblingan-Sees ➤ S. 77 geweiht. Die Stille in der wenig besuchten Anlage trägt zur sakralen Stimmung genauso bei wie die Nebelschwaden, die meist den Blick auf den Gipfel verdecken. *Fahr die Hauptstraße etwa 2,5 km zurück bis nach Wongayagede. Eine kleine, gewundene Straße führt von hier in den Osten,* zunächst an Bananen-, Chili- und Kaffeepflanzungen vorbei bis nach ❺ **Jatiluwih ➤ S. 72**: Bei klarer Sicht und kühler Bergluft erwartet dich ein phantastischer Blick über tiefgrüne Reisterrassen bis weit in den Süden hinunter zum Meer. Die jahrhundertealten Felder schmiegen sich an die Berghänge und sind perfekte Beispiele für das *Subak*-System. Bei gutem Wetter solltest du einen Spaziergang durch die Felder machen, bevor du in einem der Lokale an der Hauptstraße zu Mittag isst.

BALIS SCHÖNSTER SONNENUNTERGANG

43 km 1 Std. 15 min

An kleinen Bergdörfern vorbei geht die Fahrt über *Angsri zur Jl. Raya Senganan. Hier biegt dein Fahrer rechts in Richtung Süden ab und nimmt die Route über Penebel und Tabanan* zum sagenumwobenen Meerestempel ❻ Pura Tanah Lot ➤ S. 49. Auf einem malerischen Felsen direkt vor der Küste wird der Meeresgott Baruna verehrt, und in einer Höhle wachen giftige Seeschlangen über das Heiligtum. Trotz der Touristenmassen ist dieser Tempel einer der schönsten Orte auf Bali, um den Sonnenuntergang zu beobachten. Sobald die Sonne rot glühend im Meer verschwunden ist, verschwindest auch du, und zwar *über die notorisch verstopfte Jl. Bypass Tanah Lot* zurück nach ❶ Seminyak.

❻ Pura Tanah Lot

17 km 20 min

❶ Seminyak

❹ PANORAMATOUR IM NORDEN LOMBOKS

- ➤ Alltag und Tradition auf dem Land
- ➤ Mittagspause im Tropengarten
- ➤ Spaziergang an den Hängen des Vulkans

Start: Senggigi

Ziel: Senggigi

Strecke: 187 km

Dauer: 1 Tag, reine Fahrzeit 4 Stunden

Info:
❸ **Kekait:** Hier besser auf das Probieren von Palmwein und Palmschnaps verzichten.
❹ **Pusuk-Pass:** Füttern der Affen ist nur Unerschrockenen zu empfehlen, den Anführer dabei zuerst bedenken!
❺ **Moschee:** Hier brauchst du einen Übersetzer, buch daher einen englischsprachigen Fahrer.
❻ **Rinjani Mountain Garden:** Mittagessen am besten vorbestellen

❶ Senggigi
13 km 20 min
❷ Morgenmarkt
3 km 5 min
❸ Kekait
7 km 10 min
❹ Pusuk-Pass
65 km 1 Std.
❺ Moschee
4 km 5 min
❻ Rinjani Mountain Garden

MARKTBUMMEL UND MANUFAKTURBESUCH

Frühmorgens wartet dein Fahrer vor deinem Hotel in ❶ **Senggigi** ➤ S. 105 auf dich, um dich *über Ampenan in Richtung Pusuk-Pass* zu bringen. *Nach der Abzweigung nach Gunung Sari* kommst du an einem ❷ **Morgenmarkt** *(tgl. 6–12 Uhr)* vorbei, auf dem du dich mit Snacks eindeckst. Von hier geht's weiter Richtung ❸ **Kekait**. Westlich der Straße liegen einige **Palmzuckermanufakturen**: Die Bauern zeigen gern, wie sie aus der Zuckerpalme Palmzucker, -wein *(tuak)* und -schnaps *(brem)* herstellen. Oben auf dem ❹ **Pusuk-Pass** erwartet dich ein schöner Blick bis zum Meer, aber auch Horden neugieriger Affen, die auf Leckerbissen aus sind.

ÄLTESTE MOSCHEE UND IDYLLISCHER GARTEN

Durch kleine Orte und an schwarzen Stränden entlang geht es weiter bis nach **Bayan**, wo die älteste ❺ **Moschee** ➤ S. 110 Lomboks steht, ein einfacher Holz-Bambus-Bau. 1634 soll hier einer der neun Heiligen, die den Islam nach Indonesien brachten, die erste islamische Gemeinde auf Lombok gegründet haben. Der Hüter des Heiligtums erzählt wunderbare Geschichten, die dein Fahrer für dich übersetzt. *An der Moschee vorbei führt die Hauptstraße in eine Linkskurve, dort fährst du geradeaus weiter und 3,7 km den Berg hinauf, bis hinter einer Linkskurve scharf rechts* die Einfahrt des ❻ **Rinjani**

Mountain Garden ➤ S. 111 kommt. Die deutsch-indonesischen Betreiber haben hier ein idyllisches, naturnahes Refugium mit üppigem Garten und allerlei tierischen Bewohnern geschaffen. Je nachdem, was du vorab telefonisch zum Mittagessen bestellt hast, darfst du dich nun auf indonesische oder deutsche Spezialitäten freuen – die fabelhafte Aussicht gibt's gratis dazu.

WASSERFALL UND AUSBLICKE

Nachdem du dich im Pool abgekühlt und etwas ausgeruht hast, geht es *zurück nach Bayan und von dort ins Bergdorf* 7 Senaru ➤ S. 108, Ausgangspunkt für Trekkingtouren auf den Vulkan Gunung Rinjani ➤ S. 110. Du gehst aber nicht bergauf, sondern machst dich auf den etwa 20 Minuten dauernden Abstieg zum 8 Sendang-Gila-Wasserfall ➤ S. 110, der aus 50 m Höhe kraftvoll in zwei Stufen ins Tal donnert. Direkt neben dem Zugang liegt das 9 Pondok Senaru ➤ S. 109, wo du auf dem Rückweg noch einen Kaffee mit Wasserfallblick trinken kannst. Für die Rückfahrt nach 1 Senggigi bittest du den Fahrer, *auf der Küstenstraße zu bleiben:* Wenn die Sonne tief steht, ist die Steilküste ein romantischer Ort mit Wahnsinnsblick auf die Gilis ➤ S. 112 und den Gunung Agung ➤ S. 85.

INSIDER-TIPP
Sonnenuntergang für Romantiker

11 km 10 min

7 Senaru

1,5 km 20 min

8 Sendang-Gila-Wasserfall

1,5 km 20 min

9 Pondok Senaru

83 km 2 Std.

1 Senggigi

GUT ZU WISSEN

DIE BASICS FÜR DEINEN URLAUB

ANKOMMEN

ANREISE

Der internationale Flughafen Ngurah Rai (DPS) südlich von Kuta wird von vielen Fluggesellschaften angeflogen, meist mit Zwischenstopp in Singapur, Jakarta oder Kuala Lumpur. Von diesen Städten gibt es auch Flüge nach Lombok (LOP): *Scoot (flyscoot.com)* startet in Singapur, *AirAsia (airasia.com)* in Kuala Lumpur und *Garuda Indonesia (garuda-indonesia.com)* sowie *Citilink (citilink.co.id)* und *Lion Air (lionair.co.id)* in Jakarta. Die Reisezeit beträgt 14–20 Stunden, je nach Route und Umstiegszeit.

Die teuren Festpreise der Flughafentaxis (ab 150 000 Rp.) kannst du umgehen, wenn du beim Drop-off im ersten Stock vor der Departure-Halle ein *Blue-Bird-Taxi* mit Taxameter erwischst, das gerade jemanden absetzt. Taxis anderer Unternehmen sehen Blue-Bird-Taxis zum Verwechseln ähnlich (auf den Schriftzug achten). Günstig ist es über die App *Grab*, deren Fahrer dich in der Grab-Lounge oder im Parkhaus erwarten (s. S. 136). Für weiter entfernte Unterkünfte empfiehlt sich ein vorab gebuchter Flughafentransfer durch einen Fahrer, der mit Namensschild auf dich wartet.

Stecker Typ F

Gleicher Steckertyp wie in Deutschland und Österreich; ein Adapter ist nur für Schweizer Stecker vom Typ J nötig.

INSIDER-TIPP **Direkter Weg**

Wenn's schnell gehen muss: Die *Bali Mandara Toll Road* führt von Nusa Dua über den Golf von Benoa; ideal um zwischen Airport, Sanur oder Ostbali etwas Zeit zu sparen *(Guthabenkarte im Indomaret erhältlich)*.

Straße in Kuta, dem wichtigsten Touristenzentrum in Balis Süden

+ 6 / + 7 Stunden Zeitverschiebung

Während der mitteleuropäischen Sommerzeit ist es auf Bali und Lombok 6 Stunden später als bei uns, während der Winterzeit 7 Stunden.

Auf Lombok kommst du mit dem Taxi vom Flughafen nach Kuta Lombok (ab 150 000 Rp.), der Damri-Bus bringt dich für 50 000 Rp. nach Senggigi.

BOTSCHAFTEN DER REPUBLIK INDONESIEN

- *Lehrter Str. 16–17 | 10557 Berlin | Tel. 030 47 80 22 00 | kemlu.go.id/berlin*
- *Gustav-Tschermak-Gasse 5–7 | 1180 Wien | Tel. 01 47 62 30 | kemlu.go.id/vienna*
- *Elfenauweg 51 | 3006 Bern | Tel. 03 13 52 09 84 | kemlu.go.id/bern*

EINREISEBESTIMMUNGEN

Für einen Aufenthalt bis zu 30 Tagen erhalten Deutsche, Österreicher und Schweizer an der Passkontrolle einen Stempel in den Pass, der bei Einreise mindestens noch sechs Monate gültig sein muss. Für 35 US-$ kannst du bei der Einreise alternativ auch ein Visa on Arrival erstehen, das einmal um 30 Tage verlängert werden kann. Wer vorab für einen längeren Aufenthalt ein Visum beantragen will, muss zur Botschaft. Du darfst 1 l Spirituosen sowie 200 Zigaretten oder 100 g Tabak nach Indonesien einführen. Auf Drogenschmuggel steht die Todesstrafe.

KLIMA & REISEZEIT

Die beste Reisezeit ist in der Trockenzeit von März/April bis Oktober/November. In der Regenzeit regnet es zwar selten durchgehend, aber die heftigen Tropenschauer führen manchmal zu Überschwemmungen und schränken die Aktivitäten ein. Die Temperatur bewegt sich ganzjährig um 30 Grad, wobei es in den Bergen deutlich kühler sein kann. Im vergangenen Jahrzehnt allerdings haben sich die Jahreszeiten mehr und mehr verschoben, sodass es durchaus mal bis Dezember trocken bleiben oder auch im Juni noch regnen kann.

WEITER-KOMMEN

AUTO & VERKEHRSREGELN

Wenn du dir den wuseligen und relativ locker geregelten Verkehr zutraust, kannst du Bali und Lombok prima als Selbstfahrer erkunden. Fast überall kannst du Autos *(ab 25 Euro/Tag)* leihen, dazu reicht die Vorlage eines internationalen Führerscheins. Der nationale Führerschein muss mitgeführt werden, da der internationale sonst ungültig ist. Obwohl man in Indonesien ab 17 Jahren Auto fahren darf, verleihen manche Anbieter ihre Fahrzeuge erst ab einem Mindestalter von 21 Jahren. Ein Auto mit ortskundigem Chauffeur *(ab 50 Euro/Tag)* macht die Fahrt erholsamer.

In Indonesien gilt Linksverkehr, die Straßen sind schmal, kurvig und nicht immer gut asphaltiert, vor allem in der Regenzeit auch mal unterspült und von Erosion geschädigt. Fahr defensiv und verlass dich nicht nicht auf die Einhaltung der Verkehrsregeln durch andere. Vorfahrt hat, wer sie sich nimmt. Wer hupt, will überholen. Der Einsatz der Lichthupe heißt: „Ich fahre zuerst"; Winken mit Fingerspitzen nach unten und Handrücken nach vorn bedeutet: „Komm her!" Leg dich nie mit Lkw und Bussen an. Beim Ein- und Ausparken helfen Parkplatzwächter, die dafür 2000–5000 Rp. erhalten.

GRÜN & FAIR REISEN

Du willst beim Reisen deine CO_2-Bilanz im Hinterkopf behalten? Dann kannst du deine Emissionen kompensieren *(atmosfair.de; my climate.org)*, deine Route umweltgerecht planen *(routerank.com)* oder auf Natur und Kultur *(gate-tourismus.de)* achten. Mehr über ökologischen Tourismus erfährst du hier: *oete.de* (europaweit); *germanwatch.org* (weltweit).

MOTORROLLER & MOTORRAD

Einen Motorroller kannst du ab ca. 5 Euro/Tag gegen Vorlage eines internationalen Führerscheins mieten. Achtung: Auch hier gilt die Helmpflicht! Zudem bist du mit einem deutschen Pkw-Führerschein der Klasse B auf Maschinen von mehr als 125 ccm nicht unfall- oder haftpflichtversichert, denn hierfür benötigst du einen Motorradführerschein der deutschen Klasse A oder der A1 (D). Leider haben alle in Indonesien üblichen Roller bereits 110–150 ccm und Motoren von 10 bis 20 PS. Die meisten Vermieter geben dir ohne Prüfung deiner Lizenz einen Roller oder ein Motorrad, aber bedenke das Risiko, wenn etwas passiert! Täglich ereignen sich Unfälle mit

FESTE & EVENTS

RUND UMS JAHR

Galungan (2024: 28.2./25.9.; 2025: 23.4./19.11.; 2026: 17.6.) und **Kuningan** (2024: 9.3./5.10.; 2025: 3.5./29.11.; 2026: 27.6.) markieren Anfang und Ende der wichtigsten balinesischen Festtage. Am Neujahrsfest **Nyepi** wird gefastet und meditiert, keiner verlässt das Haus, auch der Flugverkehr steht still. **Odalan** (Foto) ist der Jahrestag eines Tempels. Tagsüber werden Opfergaben dargebracht, nachts gibt es Vorführungen.

Nach dem islamischen Mondkalender endet der Ramadan mit **Idul Fitri (Lebaran),** dem wichtigsten muslimischen Fest (2024: 10.4.; 2025: 31.3.; 2026: 20.3.). In den Lebaran-Ferien sind Flüge und Hotels oft ausgebucht.

FEBRUAR/MÄRZ

Bau Nyale in Kuta Lombok (s. S. 99)

APRIL/MAI

Zum **Bali Spirit Festival** (s. S. 34) treffen sich in Ubud Yoga- und Meditationsfans.

Indonesiens beste Köche kochen beim **Ubud Food Festival** *(ubudfoodfestival.com)*.

JUNI/JULI

Beim **Bali Art Festival** (s. S. 53) zeigen die besten Künstler und Tänzer Balis in Denpasar einen Monat lang ihr Können, vor allem im Kulturzentrum Taman Wedhi Budaya *(Jl. Nusa Indah)*.

Bali Kite Festival in Sanur (s. S. 57)

AUGUST

In Sanur zieht das **Sanur Village Festival** (s. S. 57) Besucher an.

In Mataram und Narmada finden die spektakulären **Peresean**-Kämpfe statt, bei denen zwei Kontrahenten mit Rattanstock und Bambusschild gegeneinander kämpfen.

OKTOBER

Das **Ubud Writers & Readers Festival** *(ubudwritersfestival.com)* ist ein großartiges Literaturfestival.

ungeübten Rollerfahrern, die ihre Fahrkünste auf den engen Straßen überschätzen und oft nicht ausreichend schützende Kleidung tragen.

ÖFFENTLICHE VERKEHRSMITTEL

In Touristenorten werden an jeder Straßenecke Fahrdienste angeboten; der Fahrpreis ist auf Listen ausgeschrieben, aber manchmal verhandelbar. Auch Hotels vermitteln Transportmöglichkeiten, jedoch oft mit Aufschlag. Günstiger sind Shuttlebusse, z. B. *Kura-Kura Bus (kura2bus.com)* oder *Perama Tours (peramatour.com)*, die nach festen Fahrplänen verkehren. In größeren Orten kann man – auch per App – Taxis bestellen *(Blue Bird Bali | Tel. 0361 70 11 11; Blue Bird Lombok | Tel. 0370 62 70 00)*.

INSIDER-TIPP Taxiruf per App

Beliebt sind auch Motorradtaxis von *Go-Jek (go-jek.com)*, die nur per App geordert werden. Das Pkw-Pendant dazu ist *Grab*, das in einer legalen Grauzone agiert: Viele der in Kooperativen organisierten, alteingesessenen Fahrer sehen diese digital vermittelten Privatfahrer als Nestbeschmutzer und dulden an manchen Orten keine, weshalb es manchmal zur Stornierung seitens der Fahrer kommt, die keinen Ärger wollen.

Auf den Gilis gibt es einspännige Pferdewagen *(cidomo* oder *dokar)*, die sich für kürzere Strecken eignen. Die Preise sind festgelegt.

ZWISCHEN DEN INSELN

Von Bali aus dauert der Flug nach Lombok eine Dreiviertelstunde: *Garuda Indonesia, AirAsia, Batik Air, Citilink* und *Lion Air* fliegen mehrmals täglich ab 25 Euro. Die Busfahrt vom Busterminal in Mengwi (Bali) nach Mataram (Lombok) dauert rund acht Stunden und kostet ab 230 000 Rp.

Zwischen den Inseln pendeln Fährschiffe. Die viereinhalb Stunden dauernde Überfahrt von Padang Bai auf Bali nach Lembar auf Lombok kostet 62 000 Rp. Ab 30 Euro fährst du mit einem Schnellboot von Sanur, Padang Bai, Nusa Lembongan oder Amed auf die Gilis *(gilifastboat.com* oder *gilitickets.com)*.

VOR ORT

AUSKUNFT

Bali Tourism Board (Jl. Prof. Moh. Yamin 17 | Denpasar | Bali 80235 | Tel. 0361 23 56 00 | balitourismboard.id/en)

FEIERTAGE

1. Jan.	christl. Neujahr
Jan./Feb.	*Imlek* (chin. Neujahr)
Feb./März	*Nyepi* (balin. Neujahr)
	Isra M'raj (Himmelfahrt Mohammeds)
März/April	Karfreitag, *Idul Fitri* (Ende des Ramadans)
1. Mai	Tag der Arbeit
1. Juni	*Pancasila*-Tag
Mai/Juni	Christi Himmelfahrt, *Waisak* (buddh. Neujahr), *Idul Adha* (islam. Opferfest), islam. Neujahr
17. Aug.	Unabhängigkeitstag
Sept./Okt.	*Maulid Nabi* (Geburtstag Mohammeds)
25. Dez.	Weihnachten
Wechselnde Monate	*Galungan/Kuningan* (Tempelfest, Termine s. S. 135)

GELD

Die indonesische Rupiah (Rp. oder IDR) gibt's als Münzen zu 100, 200, 500 und 1000 Rp. sowie Scheine zu 1000, 2000, 5000, 10 000, 20 000, 50 000 und 100 000 Rp. Wegen der großen Wertschwankungen geben viele Hotels und Veranstalter ihre Preise in US-$ oder Euro an, die Bezahlung erfolgt aber in Rupiah.

Banken öffnen Mo–Fr 8–15 Uhr. Moneychanger haben von 8 bis 20 Uhr geöffnet, bieten aber oft schlechtere Kurse als Banken. Vergleich immer die offiziellen Raten, z. B. über eine Währungsrechner-App! Fast überall gibt es Geldautomaten (ATM), an denen du mit Kreditkarte und PIN Geld abheben kannst. Achtung: Eine kriminelle Masche ist Skimming, bei dem ein ATM so manipuliert wird, dass die Kreditkartendaten ausgelesen werden. Also regelmäßig die Abbuchungen checken, nicht erst nach der Rückkehr! Einige Direktbanken (z. B. die DKB) bieten Apps mit Kontrollfunktion für die Kreditkarte. So kann sie ge- und entsperrt werden.

ÖFFNUNGSZEITEN

In Indonesien gibt es keine festen Öffnungszeiten. Während Märkte und Lebensmittelläden schon ab Sonnenaufgang öffnen, bleiben einige Boutiquen bis gegen Mittag geschlossen, haben aber dafür bis in den späten Abend auf, auch an Sonn- und Feiertagen. Nur an *Nyepi* ist auf Bali alles zu, an *Galungan* und *Kuningan* haben viele Läden und Restaurants geschlossen. Auf Lombok gilt dies für *Idul Fitri*.

POST

Jeder größere Ort hat ein Postamt *(kantor pos | Mo–Do 7.30–15, Fr 7.30–11.30, Sa 7.30–13 Uhr)*. Luftpost *(pos udara)* ist ein bis zwei Wochen nach Europa unterwegs. Eine Postkarte kostet 10 000 Rp., ein Paket bis 1 kg rund 500 000 Rp.

WAS KOSTET WIE VIEL?

Kaffee	1,50 Euro *für eine Tasse*
Nasi Goreng	3 Euro *für eine Portion*
Liegestuhl	7 Euro *für einen Tag*
Taxifahrt	1,50 Euro *für ca. 2 km*
Mietwagen	30 Euro *für einen Tag*
Massage	10–20 Euro *für eine Stunde*

TELEFON & HANDY

Die Vorwahl für Telefonate vom Festnetz nach Deutschland ist 00149, nach Österreich 00143 und in die Schweiz 00141 bzw. vom Mobiltelefon +49, +43 und +41. Die Vorwahl von Europa nach Indonesien ist 0062. Roaming ist teuer. Billig mobil telefonieren und surfen kannst du mit einer indonesischen Prepaidkarte (ab 3 Euro), die du mit Guthaben *(pulsa)* auflädst. Gute Netzabdeckung und eine englischsprachige App zum Buchen von Daten-/Minutenpaketen hat Telkomsel/Simpati.

TRINKGELD

Im Restaurant sind zehn Prozent Trinkgeld angemessen, wenn keine Servicepauschale verlangt wird – dann einfach das Kleingeld liegen lassen. Dein Fahrer freut sich nach einer Tagestour über 50 000 Rp. extra, einem Guide solltest du je nach Zufriedenheit 30 000–50 000 Rp. geben.

WLAN

Die meisten Hotels und Restaurants auf Bali, Lombok und den Gilis bieten einen gebührenfreien WLAN-Zugang, selbst in abgelegenen Orten ist zudem die mobile Datenverbindung relativ gut.

NOTFÄLLE

DIPLOMATISCHE VERTRETUNGEN

– *Deutsches Honorarkonsulat (Mo–Fr 8.30–12.30 Uhr | Jl. Pantai Karang 17 | Sanur | Tel. 0361 28 85 35 | sanur@hk-diplo.de)*

– *Schweizer Honorarkonsulat (Mo–Fr 9–12 Uhr | Jalan Ganetri 9D | Gatot Subroto Timur | Denpasar | Tel. 0361 26 41 49 | bali@honrep.ch):* Das eidgenössische Konsulat ist auch für Österreicher zuständig.

GESUNDHEIT

Impfungen gegen Diphtherie, Hepatitis A, Polio, Tetanus und Typhus werden empfohlen. Ein Mittel gegen Malaria dabeizuhaben ist höchstens auf Lombok erforderlich – lass dich vor der Abreise ärztlich beraten. Außerdem solltest du unbedingt eine Auslandskrankenversicherung mit Rücktransport abschließen. Trink kein Leitungswasser, verzehr Obst nur gewaschen und geschält, und setz dich nicht zu lange der tropischen Sonne aus (Sonnenstich!). Empfehlenswerte Kliniken auf Bali sind *BIMC Hospital Bali (Jl. Bypass Ngurah Rai 100x | Kuta | Tel. 0361 76 12 63 | bimcbali.com)* und *Siloam Hospital (Sunset Road 818 | Kuta | Tel. 0361 77 99 00 | siloamhospitals.com),* auf Lombok ist es das *Rumah Sakit Harapan Keluarga (Jl. Ahmad Yani 9 | Mataram | Tel. 0370 6 17 70 00 | harapankeluarga.co.id).* Bei schweren Erkrankungen ist es besser, nach Singapur zu fliegen. Medikamente erhältst du in Apotheken *(apotik)* oder Drogerien *(toko obat).* Medizinischen Rücktransport organisiert *International SOS Assistance (Tel. 0361 71 05 05 | internationalsos.com).*

NOTRUF

Ambulanz: *Tel. 118*
Feuerwehr: *Tel. 112*
Polizei: *Tel. 110*
Tourist Police (Bali): *Tel. 0361 22 41 11*

WICHTIGE HINWEISE

FOTOGRAFIEREN

Indonesier sind in der Regel nicht kamerascheu, dennoch sollte man immer fragen, bevor man sie filmt oder fotografiert. Zurückhaltung ist vor allem in Tempeln und Moscheen geboten, richte die Kamera nie auf das Gesicht eines Priesters. An manchen Sehenswürdigkeiten wird für Kameras eine Extragebühr erhoben.

KLEIDUNG

Knappe Kleidung wird in Badeorten toleriert, ist aber sonst verpönt. Das gilt vor allem bei offiziellen Anlässen und Behördenbesuchen. Im Tempel müssen Knie und Schultern bedeckt sein, Wickelröcke und Schärpen leihst du dir gegen eine Gebühr am Eingang. Dünne Baumwollkleidung mit langen Ärmeln und Beinen ist zudem der beste Schutz gegen Sonnenbrand und Mückenstiche. Nacktbaden oder „oben ohne" sind ohnehin verboten.

SICHERHEIT

Du kannst dich ohne Bedenken überall bewegen, auch nachts. Allein reisende Frauen sollten jedoch auf verbale Anmache gefasst sein. Kleinkriminalität gibt es vor allem in Touristenorten, meist durch Motorradfahrer, die im Vorbeifahren Taschen wegreißen. Trag deshalb nur das Wichtigste bei dir und möglichst nah am Körper (etwa in einem Geldgürtel). Das gilt vor allem für deinen Pass, von dem du vorher eine Kopie oder zumindest ein Handyfoto machen solltest, und die Kreditkarten. Lass keine Wertsachen unbeaufsichtigt im Zimmer, am Strand oder im Auto liegen!

ZOLL

Für über 50 Jahre alte Antiquitäten benötigst du eine Exportgenehmigung. Die Ausfuhr von geschützten Tieren oder Pflanzen (dazu zählen auch Korallen) ist verboten, ebenso deren Einfuhr in Europa. Zollfrei darfst du in die EU pro Person 200 Zigaretten und Waren bis zu einem Gesamtwert von 430 Euro einführen *(zoll.de)*.

WETTER IN DENPASAR

Hauptsaison
Nebensaison

	JAN.	FEB.	MÄRZ	APRIL	MAI	JUNI	JULI	AUG.	SEPT.	OKT.	NOV.	DEZ.
Tagestemperaturen	30°	30°	30°	31°	31°	30°	30°	31°	31°	32°	32°	30°
Nachttemperaturen	22°	23°	23°	23°	23°	23°	22°	22°	22°	23°	23°	23°
Sonnenschein Stunden/Tag	8	10	10	10	9	9	9	10	11	10	10	10
Niederschlag Tage/Monat	12	10	7	4	3	3	3	3	2	3	5	10
Wassertemperatur	28°	28°	28°	29°	28°	28°	27°	27°	27°	27°	28°	29°

Sonnenschein Stunden/Tag · Niederschlag Tage/Monat · Wassertemperatur

SPICKZETTEL INDONESISCH

SMALLTALK

ja/nein/vielleicht	**ya/tidak/mungkin**
Danke!	**Terima kasih!**
Bitte!	**Tolong!** (um Hilfe bittend) **Silakan!** (Angebot/Einladung) **Sama-sama!** (keine Ursache)
Hallo!/Auf Wiedersehen!/Tschüss!	**Halo!/Sampai jumpa!/Dada!**
Gute(n) Morgen/Tag/Abend/Nacht!	**Selamat pagi** (bis 11 Uhr)**/siang** (11–15 Uhr)**/sore** (15–18 Uhr)**/ malam** (ab 18 Uhr)**!**
Entschuldige/Entschuldigen Sie!	**Maaf!**
Darf ich ...?	**Boleh ...?**
Wie bitte?	**Bagaimana?**
Ich heiße ...	**Nama saya ...**
Wie heißen Sie?/Wie heißt du?	**Siapa nama Anda?/Siapa nama kamu?**
Ich komme aus ...	**Saya dari ...**

ZEIGEBILDER

ESSEN & TRINKEN

Reservieren Sie uns bitte für heute Abend einen Tisch für vier Personen.	Tolong reservasi satu meja untuk empat orang nanti malam.
Die Speisekarte, bitte.	Minta menu.
Könnte ich bitte … haben?	Apa saya tolong bisa mendapat …?
Flasche/Glas	botol/gelas
Messer/Gabel/Löffel	pisau/garpu/sendok
(kein) Trinkwasser	(bukan) air minum
mit/ohne Eis/Kohlensäure	pakai/tanpa es/gas
Vegetarier(in)/Allergie	vegetaris/alergi
Ich möchte zahlen, bitte.	Saya mau bayar.
Rechnung/Quittung/Trinkgeld	bon/kwitansi/tip, uang rokok
bar/ec-Karte/Kreditkarte	tunai/kartu ATM/kartu kredit

NÜTZLICHES

Wo ist …?/Wo sind …?	Di mana …?
Ich möchte …/Haben Sie …?	Saya mau …/Apa ada …?
Darf ich Sie/hier fotografieren?	Apa saya boleh memotret Anda/di sini?
Wie viel kostet …?	Berapa harga …?
Wie viel Uhr ist es?	Jam berapa?
heute/morgen/gestern	hari ini/besok/kemarin
Das gefällt mir (nicht).	Saya (tidak) suka.
gut/schlecht	baik/jelek
offen/geschlossen	buka/tutup
Ich möchte … mieten.	Saya mau … sewa.
ein Auto/ein Fahrrad/ein Boot	mobil/sepeda/kapal
Apotheke/Drogerie	apotik/toko obat
Internetanschluss/WLAN	akses internet/WiFi
kaputt/funktioniert nicht	rusak/tidak jalan
Panne/Werkstatt	kendaraan rusak/bengkel
Hilfe!/Achtung!/Vorsicht!	Tolong!/Awas!/Hati-hati!
0/1/2/3/4/5/6/7/8/9/10/100/1000	nol (kosong)/satu/dua/tiga/empat/lima/enam/tujuh/delapan/sembilan/sepuluh/seratus/seribu

Zur Erleichterung der Aussprache: Im Allgemeinen wird die vorletzte Silbe betont. Die Vokale werden gleich lang ausgesprochen. Doppelvokale ai, au, oi im Wortinneren werden getrennt, am Wortende wie im Deutschen ausgesprochen.

URLAUBS FEELING

ZUM EINSTIMMEN & AUSKLINGEN

LESESTOFF & FILMFUTTER

DER MANN, DER ZWEIMAL STARB

Shamini Flints spannender Krimi mit Inspektor Singh aus Singapur, der auf Bali einer terroristischen Verschwörung auf die Schliche kommt. 2010

BALI. DAS LETZTE PARADIES

In Nigel Barleys semi-biografischem Roman kristallisiert die Bali-Faszination des Westens in der Geschichte über den deutschen Maler Walter Spies aus Sicht seines Kollegen Rudolf Bonnet. Beide lebten in den 1930ern in der Gegend des heutigen Ubud. 2015

EAT, PRAY, LOVE

Kaum ein Film hat den Tourismus auf Bali so beflügelt wie die Verfilmung des gleichnamigen Romans von Elizabeth Gilbert. Dabei findet die Protagonistin ihre spirituelle Erfahrung im reisfeldromantischen Setting erst im letzten Drittel der Geschichte. 2010

THE FALL

Der mit exotischer Bildsprache komponierte Film von Tarsem Singh weckt das Fernweh und wurde u. a. am Gunung Kawi und vor den Reisterrassen von Tegallalang gedreht. Eine Szene zeigt auch den *Kecak*-Tanz. 2006

PLAYLIST QUERBEET

0:58

JOE MELLOW MOOD – LOMBOK HOLIDAY
Schwer ohrwurmtaugliche Reggae-feel-good-Nummer

GAMELAN DEGUNG – SABILULUNGAN
Die betörende Gamelanmusik dient als Untermalung von Tänzen oder Schattenspiel. Wegen der ungewohnten Tonalität ist sie für viele westliche Ohren anfangs jedoch gewöhnungsbedürftig

AMTENAR – LOMBOK I LOVE YOU
Der Titel des Songs von der Compilation *Indonesia Reggae Sounds* sagt wohl alles

KECAK GANDA SARI – KECAK
Das 1990 aufgezeichnete Stimmgewirr einer *Kecak*-Aufführung – befremdlich und faszinierend zugleich

SANDHY SONDORO – DAMAILAH INDONESIAKU
Der beliebte indonesische Popstar nahm diese Ode an sein Land auf

Den Soundtrack zum Urlaub gibt's auf **Spotify** unter **MARCO POLO Bali**

Oder Code mit Spotify-App scannen

AB INS NETZ

THEBALIBIBLE.COM
Reisefeatures und jede Menge Best-of-Listen von Einheimischen, Touristen und Bali-Kennern

JED.OR.ID
Das Netzwerk für ökologischen Dorftourismus bietet die Möglichkeit, Urlaub bei Familien in traditionellen Dörfern auf Bali zu machen

INDOJUNKIE.COM
Informativer deutscher Blog mit vielen Tipps zu Bali, Lombok und dem Rest des Lands

JANETDENEEFE.COM
Restaurantbesitzerin Janet de Neefe schreibt Kochbücher und Kolumnen über die balinesische Küche, die viel über das kulturelle Leben auf der Insel verraten

THEBEATBALI.COM
Restaurant- und Barguide für Bali

BAHASA LITTLE PROJECT
Auf den YouTube- und Spotify-Kanälen von Xspace Bali gibt es einfache Schritt-für-Schritt-Lektionen in balinesischer Sprache. Unterrichtssprache ist Englisch

TRAVEL PURSUIT

DAS MARCO POLO URLAUBSQUIZ

Weißt du, wie Bali und Lombok ticken? Teste hier dein Wissen über die kleinen Geheimnisse und Eigenheiten von Land und Leuten. Die Lösungen findest du in der Fußzeile. Und ganz ausführlich auf den S. 18–23.

❶ Welcher Rechtskanon regelt traditionell das Zusammenleben in den Dörfern?
a) Das indonesische Bürgerliche Gesetzbuch
b) Das Ältestenrecht
c) Das Gewohnheitsrecht *adat*

❷ Wie heißt der wichtigste Tempel auf Bali?
a) Pura Pura
b) Pura Desa
c) Pura Besakih

❸ Welches Instrument zeichnet das Gamelan-Orchester aus?
a) Bong
b) Gong
c) Hmong

❹ Wie viele Ernten sind auf Balis Reisfeldern pro Jahr maximal möglich?
a) Zehn
b) Sechs
c) Drei

❺ Wonach riechen indonesische Kretek-Zigaretten?
a) Zimt
b) Nelken
c) Anis

❻ Auf Bali leben mehrheitlich Hindus. Welche Religion herrscht auf Lombok vor?
a) Hindu-Dharma-Glaube
b) Wetu-Telu-Glaube
c) Islam

Lösungen: 1c, 2c, 3b, 4c, 5b, 6c, 7c, 8a, 9b, 10c, 11b, 12a

Auch Trommler und Metallophonspieler gehören zu einem Gamelanorchester

❼ Die unter Körben aufbewahrten Hähne sollen

a) dich in aller Herrgottsfrühe aus dem Schlaf krähen.

b) balinesischem Frikassee den besonderen Pfiff geben.

c) beim Hahnenkampf siegen und hohe Wettgewinne einfahren.

❽ Den Tourismus in Ubud so richtig angekurbelt hat Elizabeth Gilberts Buch:

a) Eat, Pray, Love

b) Eat, Pay, Leave

c) Eat & Repeat

❾ Welche renommierte Schule besteht größtenteils aus Bambus und erneuerbaren Rohstoffen?

a) School of Hard Knocks

b) Green School

c) Blue School

❿ Das wievielte Kind einer balinesischen Bauernfamilie heißt stets Nyoman oder Komang?

a) Das erste

b) Das zweite

c) Das dritte

⓫ Welche aus Indien stammenden epischen Erzählungen sind Gegenstand vieler Tanztheaterstücke?

a) Dschungelbuch und Slumdog Millionaire

b) Ramayana und Mahabharata

c) Dangal und Sholay

⓬ Welcher deutsche Maler prägte in den 1930er-Jahren den *Kecak*-Tanz?

a) Walter Spies

b) Walter Mies

c) Walter Moers

REGISTER

LOB ODER KRITIK? WIR FREUEN UNS AUF DEINE NACHRICHT!

Trotz gründlicher Recherche schleichen sich manchmal Fehler ein. Wir hoffen, du hast Verständnis, dass der Verlag dafür keine Haftung übernehmen kann.

MARCO POLO Redaktion • MAIRDUMONT • Postfach 31 51
73751 Ostfildern • info@marcopolo.de

Impressum
Titelbild: Bali, Reisfeld (huber-images: T. & B. Morandi)
Fotos: huber-images: M. Brook (12/13), A. Pavan (69), R. Schmid (55), K. Trubavin (61, 66, 70, 94/95); M. Jacobi (147); Laif: F. Heuer (9); Laif/hemis: C. Moirenc (52); Laif/hemis.fr (105, 109); Laif/Hemispheres (6/7); Laif/Polaris: P. Oliosi (Klappe hinten); mauritius images: A. Göppel (62/63), A. Ridder (50); mauritius images/ Alamy: R. B. Ari (120/121), Domonabikebali (132/133); mauritius images/ Axiom Photographic: L. Martinez (117); mauritius images/age: R. Dirschel (85); mauritius images/age fotostock: M. & G. Therin-Weise (11); mauritius images/Alamy (32/33, 78, 80/81), S. Barclay (38/39), C. O. Cecil (89), T. Cockrem (101), D. Herlan (59), C. Hopkins (103), E. Hulme (86), Ivoha (98), G. Kovács (23), D. Moskvinov (10), I. Nesterov (47), G. Sioen (24/25), I. Vdovin (8); mauritius images/Alamy/Captured Soul (72); mauritius images/Alamy/dbimages (35, 106); mauritius images/Alamy/Robertharding (110); mauritius images/Alamy/travelstock44 (49); mauritius images/Hemis.fr: F. Guiziou (112/113); mauritius images/Imagebroker: M. Moxter (19), K. Petersen (75), M. Wolf (126); mauritius images/John Warburton-Lee: N. van Gijn (56); mauritius images/Masterfile RM: R. I. Lloyd (20); mauritius images/photononstop: T. Bog (135); mauritius images/Photononstop: J. Garcia (2/3); mauritius images/Westend61: K. Trubavin (90, 118); Schapowalow /4Corners: K. Trubavin (93); Schapowalow: G. Cozzi (76), J. Wlodarczyk (Klappe vorne außen, Klappe vorne innen, 1); Schapowalow/SIME: T. & B. Morandi (142/143), L. Vaccarella (14/15); O. Stadler (26/27, 27, 28, 30/31, 144/145); M. Thomas (44); White Star: Reichelt (31)

12., aktualisierte Auflage 2024

Autoren: Moritz Jacobi, Christina Schott; Redaktion: Franziska Kahl; Bildredaktion: Gabriele Forst
Kartografie: © 2023 KOMPASS-Karten GmbH, A-6020 Innsbruck; MAIRDUMONT, D-73751 Ostfildern (S. 36–37, 123, 124–125, 128, 130–131, Umschlag außen, Faltkarte); © 2023 KOMPASS-Karten GmbH, kompass.de unter Verwendung von © OpenStreetMap Contributors, osm.org/copyright (S. 40–41, 43, 64–65, 82–83, 96–97, 114–115)
Als touristischer Verlag stellen wir bei den Karten nur den De-facto-Stand dar. Dieser kann von der völkerrechtlichen Lage abweichen und ist völlig wertungsfrei.
Gestaltung Cover, Umschlag und Faltkartencover: bilekjaeger_Kreativagentur mit Zukunftswerkstatt, Stuttgart
Gestaltung Innenlayout: Langenstein Communication GmbH, Ludwigsburg
Spickzettel: in Zusammenarbeit mit PONS Langenscheidt GmbH, Stuttgart
Texte hintere Umschlagklappe: Lucia Rojas
Konzept Coverlines: Jutta Metzler, bessere-texte.de
Printed in China

FSC MIX
Papier aus verantwortungsvollen Quellen
FSC® C121386

MARCO POLO AUTOR
MORITZ JACOBI
Als er das erste Mal durch Indonesien reiste, waren der chaotische Verkehr, die notorische Unpünktlichkeit und der diskrete, indirekte Umgangston der Indonesier für den Reiseführerautor noch eine kleine Herausforderung. Heute schätzt er die entspannte Lebenseinstellung, die zeitvergessene Spontaneität und die leisen Zwischentöne, die gerade auf Bali und Lombok erlebbar sind und für überraschende Momente und Begegnungen sorgen.

BLOSS NICHT!

FETTNÄPFCHEN UND REINFÄLLE VERMEIDEN

HEILIGE ORTE NICHT RESPEKTIEREN

Zeremonien zu stören, zwischen Betenden herumzulaufen oder gar auf Statuen für ein Foto zu posieren sind absolute No-Gos. Und nicht vergessen: Ein Wickeltuch *(sarong)* beim Tempelbesuch ist Pflicht.

GEIZIG SEIN

Erst recht in Sachen Alkohol. Denn billigen Cocktails und Spirituosen wird manchmal Palm- oder Reisschnaps beigemischt, der unprofessionell hergestellt oder mit giftigen Zusätzen gepanscht ist.

AUF KORALLENBÄNKE TRETEN

Wer beim Schnorcheln auf Korallenbänken herumtrampelt, zerstört nicht nur deren empfindliches Ökosystem, sondern läuft auch Gefahr, sich die Füße an den Gewächsen aufzuschneiden. Außerdem gibt es giftige Korallenbewohner, die man nicht berühren sollte. Auch beim Tauchen gilt: Can't touch this!

FÜSSE HOCHLEGEN

Füße gelten als unrein und sollten in der Öffentlichkeit nicht hochgelegt werden. Wenn doch, darauf achten, dass die Sohlen nicht jemandem zugewandt sind. Das gilt natürlich nicht, wenn du am Strand liegst.

DIE GEDULD VERLIEREN

Wer beim Warten oder Verhandeln die Geduld verliert und wütend herumschreit, erreicht gar nichts. Mit einem freundlichen Lächeln kommt man in der Regel sehr viel weiter. Und auf Bestechungen solltest du besser verzichten.